Un si long silence

Sarah Abitbol
avec Emmanuelle Anizon

Un si long silence

L'ABEILLE
PLON

Ouvrage publié
sous la direction de Clarisse Cohen

92, avenue de France
75013 Paris
Tél. : 01 44 16 09 00
Fax : 01 44 16 09 01
www.plon.fr
www.lisez.com

Mise en pages : Nord Compo
Dépôt légal : octobre 2020
ISBN : 978-2-259-30490-0
ISSN : 2727-8360

À toutes les victimes
de prédateurs.

À ma fille, Stella,
pour qu'elle grandisse
dans un monde sans omerta.

Avertissement de l'éditeur

Les faits qui constituent ce témoignage se sont déroulés voici presque trente ans. En raison de la prescription, ils ne peuvent plus donner lieu à des poursuites, si bien que celui dont le comportement est décrit ici ne sera jamais condamné pour ces faits.

Certains prénoms et initiales ont été modifiés.

Ce récit, établi de longues années après les faits, a forcément sa part de subjectivité et peut être contesté par le principal intéressé, mais sa publication permet ainsi, à l'instar de ce qui a eu lieu dans la politique ou le cinéma, d'accompagner la libération de la parole des femmes, cette fois dans le milieu sportif.

Il montre aussi le douloureux parcours personnel qui s'accomplit jusqu'à cette prise de parole.

Le carnet

C'est un petit carnet à spirale. Sur la couverture cartonnée marron, Donald Duck sourit joyeusement en jouant de la guitare, avec ces inscriptions :

« *Capture happiness all through the year* »
(« Saisis le bonheur tout au long de l'année »)

« *For happy kids* »
(« Pour des enfants heureux »)

Sur la première page à petits carreaux, j'ai écrit à l'encre bleue, d'une écriture d'enfant appliquée, pleine de jolies boucles :

Sarah Abitbol. Footing. Année 1989-90
La Roche-sur-Yon.

Cet été 1989, je suis un stage d'entraînement en Vendée, organisé par mon club de patinage. Dans ce carnet, la future championne que je suis consigne, sur une dizaine de pages, la durée de ses footings quotidiens.

L'été suivant, j'utilise le même carnet. On peut lire :

La Roche 90/91
Footing

Samedi 19 juillet : matin
Aller : 11'15 (ferme)
Retour : 11'55
+ retour games jusqu'à la patinoire.

Cet été 1990, je n'ai rempli qu'une seule page. Le stage a pourtant bien continué, pendant huit semaines. Et les footings aussi. Mais je n'ai rien écrit. Enfin, si. Mais ailleurs.

À la fin du carnet, une page est pliée en deux. Dessus, en très gros, j'ai écrit « Footing La Roche ». Un faux titre, censé leurrer le lecteur éventuel. Quand on déplie la page et qu'on retourne le carnet – car, ultime protection, j'ai écrit à l'envers –, on peut lire :

21 et 29 juillet
P + T

1, 2, 3 août
S + C de 2 h 30 à 5 h

15 août
C

17 août
C

N du 16 au 17 octobre
C

18 octobre
C

N du 19 au 20 octobre
C

Ce que ces lettres désignent était trop inconcevable, trop répugnant, infiniment trop honteux pour être exprimé par la petite fille que j'étais encore. Je l'avais donc mis par écrit, de façon cachée et codée. Comme une protestation aussi dérisoire que vitale.

P pour « pelotée »
T pour « touchée »
S pour « sucée »
C pour « coucher »

Monsieur O., vous étiez mon entraîneur. Je venais d'avoir quinze ans. Et vous m'avez violée.

Ce carnet, personne ne l'a jamais lu. Il est resté fermé pendant près de trente ans, dans un tiroir du salon. Quand j'ai décidé d'écrire ce livre, je l'ai cherché et retrouvé, enfoui sous mes trésors de l'époque, une petite trousse d'école, une calculette, un lexique d'anglais, un talkie-walkie... Il aura fallu trente ans pour que ces initiales codifiées, planquées dans un carnet à spirale, osent s'afficher dans un livre. Pour que ma colère cachée se transforme enfin en cri public. Vous avez détruit ma vie, monsieur O., pendant que vous meniez tranquillement la vôtre. Aujourd'hui, je veux balayer ma honte, la faire changer de camp. Mais je veux aussi dénoncer le monde sportif qui vous a protégé, et vous protège encore à l'heure où j'écris ces lignes. Quand j'ai voulu parler, à plusieurs reprises, je n'ai pas pu le faire. Aujourd'hui, avec ce livre, je sors de ce silence assassin. Et j'appelle toutes les victimes à en faire autant.

1

Dire ou ne pas vivre

J'ai peur des regards, monsieur O. Celui de mes proches, celui de mes fans, celui des lecteurs de ces lignes. Je sais que je suis une victime, et pourtant j'ai honte. Pourquoi ai-je autant honte ? J'ai beau me raisonner, j'ai honte. Vais-je tenir le coup face à tous ces regards qui, peut-être, me jugeront ? Votre monde risque de se serrer les coudes. Vous êtes puissant dans le monde du patinage. Vous avez des relations, du pouvoir. J'ai peur que vous puissiez encore me faire du mal.

Mon mari est hésitant. Il craint des répercussions. Il me dit : « Tu ne devrais peut-être pas faire ce livre. Que vont-ils dire de toi ? Et de moi ? » Le fait même d'être étiqueté « mari de celle qui a été violée » le dérange. Ma mère n'est pas enthousiaste non plus à l'idée de ce déballage : « Que va-t-on penser de toi ? Et de nous ? » Elle culpabilise tellement de ne pas avoir vu ce qui s'est passé. Elle qui était si proche de moi au quotidien. Elle a peur qu'on la juge « mauvaise mère ». Ma tante de Fécamp s'interroge, elle aussi : « Sarah, as-tu pensé à ton entourage ? Presque personne n'est au courant de cette histoire, même ton propre frère ne le sait pas ! Comment vas-tu faire ? J'espère qu'on ne mettra pas ton nom si tu fais un livre ? J'en ai froid dans le dos ! » C'est vrai, mon frère ne sait pas. On s'est retrouvés récemment à Paris, autour de notre père malade. Il est venu m'accueillir à l'aéroport avec ma mère, heureux de me voir, rieur, aimant. Je le regardais, je voulais lui raconter… mais les mots ne sont pas sortis. Si peu de gens savent. Et même à eux, je n'ai jamais vraiment avoué ce qui s'est passé. Trop dégoûtant, trop sale.

« À quoi ça sert de parler du passé ? Pense à l'avenir », me supplie Stéphane, mon ex-partenaire de glace et ex-compagnon. Mais comment pourrais-je penser à l'avenir quand je sais que vous êtes resté pendant toutes ces années à la tête du club et de sa patinoire ? Que vous avez été, que vous êtes potentiellement dangereux pour d'autres jeunes filles ? Comment penser à l'avenir quand le passé me hante et que je n'arrive pas à vivre le présent ?

Car je ne vis pas, monsieur O. Je survis. Je devrais être heureuse. Je suis une partie de l'année au soleil, dans une jolie petite maison avec piscine, avec mon mari et ma fille. Jean-Louis, vous l'avez croisé, il s'est entraîné aussi dans votre patinoire. On s'est rencontrés quand il commençait sa carrière, il avait vingt-deux ans. Moi, j'étais au sommet de la mienne, multichampionne de France, vice-championne d'Europe et médaillée de bronze aux championnats du monde. Depuis, je suis devenue coach, en France et en Floride. À Paris, je partage mon appartement avec mes chers parents, sans qui je n'aurais jamais pu faire cette carrière. Vous les connaissez bien, mes parents, ils vous respectaient beaucoup. À Miami, je suis installée avec mon mari dans une petite maison de zone pavillonnaire tranquille, à quinze minutes en voiture de la mer. On travaille comme des fous, sans prendre beaucoup de vacances, mais la vie est si agréable ici, on respire, on a de l'espace. Le matin, dans le jardin, je prends le temps de donner à manger aux écureuils et aux oiseaux. Ils attendent que je siffle pour s'approcher. J'adore.

Je devrais être heureuse, monsieur O., mais je n'y arrive pas. Je suis une handicapée de la vie, murée dans l'angoisse. Dans ma tête, je suis une proie. À quinze ans, j'ai dormi en dehors de chez moi, j'ai été vulnérable, et vous en avez profité. Aujourd'hui encore, dès que je sors de la maison, j'ai peur. J'ai horreur d'aller dans les lieux que je ne connais pas. L'inconnu est forcément synonyme de danger. Je ne peux pas voyager seule. Conduire une voiture sans quelqu'un à mes côtés m'a longtemps été impossible. Prendre l'avion est une torture. Lors de mes inévitables allers-retours entre Paris et Miami, le stress monte huit jours avant le décollage, j'engueule tout le monde à la maison. Le jour J, même accompagnée, c'est très compliqué. J'ai mal au ventre, j'étouffe… En plus d'un anxiolytique, je porte toujours dans mes bras un de mes petits chiens yorkshires. Les compagnies d'aviation acceptent leur présence à titre exceptionnel pour les personnes comme moi. Elles ont même un nom de code pour ces animaux à effet calmant : *emotional dog*.

Ma névrose pèse sur mes proches, évidemment. On rêve d'aller en famille à New York, qui est à trois heures de vol de Miami. Je reporte sans cesse. Une fois, Jean-Louis a gagné un voyage en Thaïlande, j'étais enceinte et ai prétexté ne pas vouloir prendre de risque pour ma grossesse – je l'ai laissé partir seul. Je me souviens de mon intense soulagement quand j'ai réussi à le convaincre d'y aller sans moi. Pour mes quarante ans, il m'avait offert un voyage à Las Vegas et avait réservé une chambre dans un hôtel qui proposait à ses clients de nager avec des dauphins. J'aurais adoré, mais c'était au-dessus de mes forces, il a fallu annuler. Il me le reproche encore. Je le comprends.

Il y a la peur de partir de chez moi, mais aussi celle d'être enfermée. Vous m'avez piégée dans des lieux clos. J'en ai développé une phobie. Dans une voiture, dans un appartement, j'ai besoin qu'on ouvre les fenêtres. L'idée même de mettre un pied dans un parking, où vous m'avez tant de fois agressée, génère une crise d'angoisse. Je ne supporte pas les ascenseurs, je suis devenue claustrophobe.

Ah oui, j'ai peur de la nuit aussi. C'est la nuit, quand j'étais en stage à La Roche-sur-Yon, que vous êtes venu la première fois me réveiller. C'est la nuit bien souvent que vous avez continué à abuser de moi, quand nous étions en déplacement. Aujourd'hui encore, quand je dors seule, j'ai du mal à respirer. Je laisse mon téléphone allumé. Je garde mes yorkshires avec moi sur le lit, nichés au-dessus de la tête. Ils me rassurent. Ils me protègent de mes fantômes. Ils me préviendraient si quelqu'un s'approchait. Personne ne m'a protégée quand vous vous êtes approché. Je n'avais pas de chiens à l'époque. Que des peluches.

Alors, bien sûr, je me suis constitué au fil des ans une trousse à outils « antiangoisses » : antidépresseurs et anxiolytiques – Seroplex et Lexomil – sont devenus mes fidèles compagnons de vie. Je les ai pris pour la première fois à vingt-sept ans, quand tous les souvenirs sont revenus. Depuis, les médicaments et les souvenirs ne m'ont plus quittée. J'ai consulté des thérapeutes, des psychologues, des hypnotiseurs, des sophrologues… Lorsque des images ressurgissent, de moi et de ces gestes dégoûtants, j'essaie, comme on me l'a appris, de plaquer des images positives. Je visualise souvent un grand lac, avec un bateau au milieu. Je respire profondément, je m'allonge, je fais du yoga, je prends un bain, je mets de la musique. J'ai noté dans un grand cahier, à l'encre violette, des pages et des pages de conseils puisés dans *Le moine qui vendit sa Ferrari*, le livre de Robin S. Sharma : « Quand tu as une pensée négative, projette tout de suite une pensée opposée », « On peut faire des miracles avec un esprit fort et discipliné », « Ou bien tu contrôles ton esprit, ou bien c'est lui qui te contrôle »…

Je m'applique, monsieur O. Vous insistiez beaucoup autrefois auprès de mes parents sur ma force de caractère. Et vous aviez raison : je fais des progrès. Les angoisses ont diminué, j'ai grignoté des moments de répit… Depuis deux ou trois ans, je réussis à conduire ma voiture et à faire mes courses seule. J'arrive à pénétrer dans un centre commercial. Avant, je devais rester près de la porte de sortie. Je fais de mieux en mieux semblant. J'arbore mon sourire de patineuse, je maquille mon désarroi. Mais, au fond de moi, monsieur O., la petite fille continue de pleurer et d'avoir peur. Au fond de moi, je ne vis pas, je ne respire pas. Et cela est injuste. Pourquoi est-ce moi qui souffre, à quarante-quatre ans, alors que vous, vous vivez tranquille dans votre patinoire ? Est-ce que vous avez du mal à respirer, vous aussi ? Quand je m'absente de Paris et que je reviens, je demande toujours à ma mère : « Il est encore là ? » Et elle répond invariablement : « Oui, il est toujours à la patinoire. » Vous avez, pendant toutes ces années, continué à côtoyer des jeunes patineuses. Je repars chaque fois avec cette culpabilité dans le ventre, cette angoisse de savoir que, peut-être, vous avez les mêmes gestes avec elles et que, donc, mon silence me rend complice. Combien d'autres filles avez-vous approchées, monsieur O. ? Combien en avez-vous traumatisé ? Combien de vies avez-vous détruites ?

Peut-être n'en avez-vous pas conscience, monsieur O., mais ce que vous avez imposé à mon corps m'a atteinte au plus profond, dans ma construction de femme. Notre société sous-estime encore trop, je crois, les conséquences d'une agression sexuelle. J'entends autour de moi : « C'était il y a longtemps », « Il faut savoir passer à autre chose ». C'était en effet il y a trente ans. Mais le traumatisme reste gravé dans mon esprit et dans ma chair, au cœur de ce qui fonde ma relation à l'autre et au monde.

Comme toutes les petites filles, j'ai rêvé du prince charmant. J'ai espéré le bonheur d'un premier amoureux. C'est important, dans la vie d'une femme, la découverte des corps avec quelqu'un que l'on aime. Vous me l'avez gâchée. Vous avez cassé quelque chose de fondamental en moi, je ne sais pas vraiment mettre un mot précis dessus. Je n'ai pas très envie d'exposer ici ma vie intime, ni celle de ceux qui la partagent, mais je vois bien que je dois le faire un peu, pour vous aider à comprendre. Par exemple, je ne supporte pas qu'on me touche le bout des seins. Vous vous souvenez que vous me les mordiez jusqu'au sang ? Eh bien, trente ans plus tard, les cicatrices sont toujours là, monsieur O., au sens propre comme au sens figuré. Quand ma fille Stella est née, je voulais allaiter. J'ai tenu deux mois, mais j'étais trop mal à l'aise. J'ai arrêté. Au moment où j'écris ces lignes, mes seins sont douloureux, ils me brûlent. C'est assez fréquent, en fait. Quand l'angoisse remonte, tout mon corps me brûle, mes seins, ma nuque, mon ventre. À certains moments, mon corps accepte d'oublier. À d'autres, il me rappelle vos gestes. Alors, je me recroqueville dans un coin. Et personne ne peut m'approcher. Un autre effet parmi tant d'autres, monsieur O. : je ne supporte pas la vue d'un homme nu. Généralement, vous faisiez votre sale travail dans le noir. Une fois, vous avez cherché un vêtement pour vous rhabiller et allumé quelques secondes la lumière. J'ai vu soudain votre corps blanc, votre sexe. Un choc. Je n'avais jamais vu un sexe d'homme. Pour la première fois, j'ai visualisé ce qui me terrassait dans le noir. Cette vision insupportable est restée. Aujourd'hui, quand mon mari marche nu dans la chambre, je lui demande de s'habiller. Ça le blesse, évidemment. « Sarah ! C'est moi, je ne te veux que du bien ! »

C'est comme les mots. Certains ont vrillé. Ils ont aujourd'hui encore une résonance insupportable. Vous m'avez dit « Je t'aime », monsieur O., quand vous avez abusé de moi. Sachez que je n'ai quasiment jamais pu dire « Je t'aime » à un homme, ni même à ma propre fille. À mes oreilles, ce mot est sale, insupportable. Alors je le contourne. Le dire en anglais, « *I love you* », c'est plus simple pour moi. Ce ne sont pas les mêmes sons, du coup ce n'est pas votre voix que j'entends quand je le prononce. En parlant de sons… Savez-vous que quand la radio diffuse « Everything I Do », de Bryan Adams, qui tournait en boucle à l'époque, je coupe ? C'est plus fort que moi. Ma fille Stella me demande chaque fois pourquoi. Je lui réponds que ça me rappelle de très mauvais souvenirs. Je n'ai pas encore eu le courage de lui expliquer lesquels, elle n'a que huit ans. Mais il va falloir que je le fasse, maintenant que j'écris ce livre.

Ce n'est pas facile de dire à quarante-quatre ans qu'on a été violée à quinze ans. Je n'ai d'ailleurs jamais prononcé ce mot, sauf une fois devant ma psy, quatorze ans après. Aujourd'hui encore, j'ai beaucoup de mal. Je l'écris pour la première fois aujourd'hui. Je le regarde sur le papier. Il me répugne, il m'angoisse. Il occupe toute la page. Il dévore l'espace. Il va sauter aux yeux des lecteurs. Il va éclabousser mon image, bouleverser mon entourage, faire exploser l'omerta. Il me terrifie. Il me salit. Je voudrais l'effacer, ce mot « viol ». Et pourtant, c'est le mot juste. Vous m'avez violée.

Depuis que j'ai décidé de tout révéler dans ce livre, je fais des cauchemars, dans lesquels vous apparaissez. Faites-vous des cauchemars, vous aussi, monsieur O. ? Quand je m'en souviens, je les note. Je vais en partager quelques-uns ici, parce qu'ils en disent long sur votre emprise sur ma vie. J'ai encore peur. Mais, depuis que je pense à ce livre, je sens monter, tout au fond de moi, une détermination nouvelle.

Ma mère a fini par comprendre ma démarche, et elle me soutient, dorénavant. Elle a prévenu mon père.

« Sarah est décidée pour son livre.

— Est-ce qu'elle va tout dire ? a-t-il demandé de son lit d'hôpital.

— Oui, elle va tout dire, a-t-elle confirmé.

— C'est bien ! »

Et il a levé le pouce. Il ne peut pas beaucoup parler, il est gravement malade, mais son message est clair : « Vas-y, ma fille... Et tant pis pour tes peurs, tant pis pour le regard des voisins, de la famille, et de tous les autres. Parle, parce que sinon tu ne vivras pas. Parle pour tous ceux qui ne parlent pas. »

« Est-ce qu'elle va tout dire ? » Oui, monsieur O., je vais tout dire. Enfin.

Je suis dans un couloir d'hôtel, je frappe à une porte. Elle s'ouvre. C'est vous. Vous êtes nu. Vous me regardez et vous me dites : « Excuse-moi, je suis avec quelqu'un, je ne peux pas parler. » Je sais, je sens que vous êtes avec une fille jeune. Je le devine, parce que vous semblez mal à l'aise, vous avez l'air coupable, vous vous cachez à moitié. J'aimerais entrer, vérifier, je suis sûre qu'elle est en danger. Mais vous fermez la porte.

Je me réveille.

2

« Un jour, ce sera toi, la championne »

De mon enfance, je garde un souvenir récurrent : mes repas pris à l'arrière d'une voiture conduite par ma mère. De l'école à la patinoire, de la patinoire à la maison, et réciproquement. Matin, midi et soir, d'aussi loin que je me souvienne, le patin a rythmé ma vie et celle de mes chers parents.

La première fois que je pose un pied sur la glace, j'ai quatre ou cinq ans. C'est à la patinoire du Petit Port, à Nantes. Ma maîtresse y emmène la classe. Ma mère, qui donne un coup de main pour l'encadrement, me raconte toujours que je suis entrée d'un trait sur la glace, et que je me suis mise immédiatement à « faire l'andouille » au milieu de la piste, tandis que la plupart des enfants s'accrochaient à la barrière en titubant. Une révélation.

Au bout de quelques semaines, me voyant très à l'aise, la prof de patin suggère à ma mère de m'emmener patiner avant la classe. Comme tous les enfants, j'ai du mal à quitter mon lit le matin pour aller à l'école. Mais quand c'est pour patiner, je suis prête à tout. Je ne bronche pas lorsque ma mère me réveille à 5 h 30, pour m'entraîner de 6 h 30 à 7 h 30, puis repartir à l'école à 8 heures... Je ne bronche pas non plus quand maman me propose ensuite de revenir à l'heure du déjeuner, puis après les cours en fin d'après-midi. Sur la glace, je trouve un défouloir idéal. Je suis une enfant de nature turbulente, le genre qui saute et court partout. Depuis toute petite, j'invente des chorégraphies devant mon miroir et des spectacles à la cour de récré, pour lesquels je dirige d'une main de fer mes copines. À la patinoire, je peux dépenser ce trop-plein d'énergie sans me faire gronder. Mieux, les parents m'encouragent !

J'ai cette chance : mon petit corps menu est une machine de guerre énergique, bondissante et résistante. Je n'ai peur ni des sauts ni des chutes. Tout me paraît naturel quand je glisse. Je suis une petite fille bosseuse, déterminée, ambitieuse, capable de recommencer indéfiniment le même exercice jusqu'à épuisement. J'ai le mauvais caractère nécessaire pour devenir une championne. Je m'énerve quand je ne réussis pas, je tape du pied sur la glace, ce qui est interdit, j'envoie régulièrement les patins contre le mur chez moi quand je ne suis pas contente de ce que j'ai fait dans la journée. En vérité, je n'ai peur de rien, sauf de ma prof Huguette. Elle est impressionnante, avec sa carrure imposante et sa voix de crécelle ; elle m'engueule beaucoup sur la glace, « pour me motiver », dit-elle, parce que je suis « très douée ». Je n'ai pas besoin qu'on m'engueule pour avoir envie. Je déborde d'envie. Ses cris m'angoissent. Les autres élèves en souffrent aussi, d'ailleurs ; j'en vois beaucoup au fil des années qui décrochent à cause d'elle. Pas moi. Personne ne me fera arrêter. J'aime viscéralement la glace. Je prends avec philosophie les petits inconvénients de ce sport. J'applique consciencieusement les recettes de ma grand-mère quand mes patins me blessent les pieds : les escalopes de veau ou les oignons avec du sel, dans un chiffon, toute la nuit, ont un effet anti-inflammatoire garanti. Je n'aime pas trop le froid, ce qui est ballot quand on doit passer des journées à 3 ou 4 °C. Au fil des heures d'entraînement, les doigts, les lèvres, les pieds sont immanquablement gelés. Petite, je mets une combinaison de ski, je me réchauffe avec un chocolat chaud et des Raiders. Plus grande, je multiplie les couches de collants et de pulls.

À dix ans, je remporte toutes les compétitions régionales. « Des Sarah, il y en a une tous les trente ans », s'extasie le président du club devant ma mère. Quand je visionne aujourd'hui des vidéos de cette époque, je mesure le potentiel incroyable que j'avais. À cet âge, j'effectue déjà les combinaisons de tous les doubles sauts, ainsi que toutes les pirouettes donnant accès aux championnats nationaux. Je ne me rendais pas compte, mais, maintenant que je suis coach, je mesure les promesses dont j'étais porteuse.

Vous les avez mesurées vous aussi, monsieur O. Un jour, vous venez à la patinoire. Je vous ai déjà aperçu, toujours vêtu d'un costume élégant, lors de mes déplacements en championnat de France minimes et espoirs. J'ai vu que vos élèves remportaient beaucoup de médailles. Je rêve d'intégrer un club prestigieux qui me ferait gagner des médailles, moi aussi. Lors de ce séjour, vous me repérez, et vous proposez que je rejoigne votre club. « Si vous voulez qu'elle progresse, elle doit y aller », confirme le président du club de Nantes à mes parents. Aller à Paris, c'est évidemment bouleverser toute notre organisation familiale. Mon père dirige une discothèque à Nantes, et mon demi-frère, qui a quinze ans de plus que moi et que j'adore, vit aussi ici. Mes parents sont manifestement prêts à ce sacrifice. Intégrer votre club, c'est aussi m'engager sur un chemin beaucoup plus exigeant. Ils me posent la question : « Sarah, veux-tu aller à Paris pour tenter de devenir une grande sportive de haut niveau ou préfères-tu rester à Nantes pour continuer tranquillement le patinage tout en menant des études pour exercer un autre métier ? » Ma réponse fuse : oui, je veux me donner toutes les chances d'être une championne ; oui, je suis prête à tenir le rythme du sport-études : cinq heures d'entraînement chaque matin et cinq heures de cours l'après-midi. Encore faut-il qu'une école spécialisée accepte ma candidature. L'école des enfants du spectacle, dans le 5e arrondissement de Paris, permet ces horaires aménagés, nécessaires aux élèves pratiquant une activité sportive ou artistique de haut niveau. Je postule. J'attends la lettre chaque jour, fébrilement. Elle finit par arriver : l'école des enfants du spectacle m'accueille à partir du mois de septembre 1987. Je bondis de joie dans tout l'appartement, je suis la fille la plus heureuse de la Terre.

Tout va très vite ensuite : un ami de mon père nous trouve un logement à louer à quelques minutes de la patinoire. Il n'est pas question de perdre trop de temps dans les transports, ni pour moi, ni pour mes parents, dont la vie bascule avec la mienne. Ils n'imaginent pas, je pense, dans quelle galère je les embarque. Je ne m'en rends pas compte à l'époque parce que je suis encore jeune et que les questions d'argent ne m'intéressent pas, mais l'investissement financier que ma passion nécessite est important. En France, un patineur n'est pas pris en charge par la Fédération tant qu'il n'est pas en équipe de France. Contrairement à ce qui existe dans des pays comme la Russie, il n'y a pas de logement à disposition, ni d'école intégrée. Tout coûte cher : une paire de patins, c'est 800 euros, les lames 300. Les tenues coûtent entre 400 et 600 euros, sans parler des stages… Mon père partagera désormais sa vie entre Paris et Nantes, Pour limiter les frais, il abandonne notre appartement nantais et dort dans le petit studio attenant à la discothèque. Ma mère gère dorénavant ma carrière sportive au quotidien : préparer les repas diététiques, me conduire à la patinoire ou chez le kiné, chercher des tissus pour mes costumes et les faire réaliser par une couturière, m'emmener aux compétitions, ranger ma chambre, superviser les devoirs le soir, ce qui n'est pas simple. Je suis plutôt bonne élève, mais le soir je m'endors sur mes feuilles, épuisée. Ma mère ne me lâche pas. Elle martèle que je dois passer mon bac. « Dans la vie, tu ne dois dépendre de personne. » Elle ne le sait pas encore – moi non plus –, mais le bac, je ne le passerai jamais. Le jour J, je serai en tournée de gala en province. Quant au rattrapage de septembre, je ne m'y rendrai pas pour cause de compétitions… En fait, à un moment, j'ai choisi ma vie.

Et ma vie est dans cet énorme bâtiment que je rejoins chaque jour avant les cours. À l'école du spectacle l'après-midi, tout se passe bien. Avec Virginie Ledoyen, future comédienne, on se crêpe le chignon car chacune veut être la plus belle de la classe. Avec ma chère Clara, danseuse classique, on partage tout. Plus tard, elle montera même une de mes chorégraphies. Mais je n'ai pas vraiment de temps pour ce monde hors patinage. Je ne fais pas de shopping avec les copines les samedis, je ne vais pas au cinéma, je ne fréquente pas les garçons, qui ne m'intéressent d'ailleurs pas. Toute mon attention est concentrée sur cette patinoire, rampe d'accès à mes rêves. Le lieu est immense, bien plus grand qu'à Nantes. Une sorte de bunker. Pour y accéder, on doit passer par un grand parking souterrain. Je demande toujours à ma mère de le traverser avec moi, car il m'impressionne.

En pénétrant dans cette enceinte, j'entre dans votre royaume, monsieur O. Ici, vous êtes le boss, le chef des entraîneurs, celui qui accorde ou non les créneaux horaires, celui qui embauche ou vire les collaborateurs, celui qui choisit les patineurs sur lesquels le club va miser, celui qui organise les galas et les anime au micro. On vous croise dans les couloirs, toujours en costume sombre et très occupé. Tout le monde vous vouvoie. La plupart du temps, dans le monde sportif, on tutoie ses entraîneurs. Mais vous, c'est différent. Avec votre voix forte, vous nous faites un peu peur. Quand vous venez nous regarder patiner, droit comme un I derrière la barrière, on se tient à carreau.

Les jeunes espoirs, dont je fais partie, patinent le matin. Vous venez parfois donner un coup de main à nos entraîneurs, mais vous, vous coachez surtout les championnes un peu plus âgées l'après-midi. Étant donné mon expérience compliquée avec Huguette à Nantes, je suis un peu inquiète les premiers jours. J'arrive le ventre tellement noué que j'en vomis quelques petits déjeuners dans le parking. Et puis, les jours passant, la peur s'envole. Le monde du patinage n'est pas tendre en général, il y a beaucoup de concurrence et de jalousie, mais je ne me souviens pas d'en avoir souffert ici. L'ambiance est saine, le groupe de filles auquel j'appartiens est sympa. Entre patineuses du même âge et de même qualité technique et artistique, on se motive et on s'encourage, on se fait rire. Ici, je peux laisser s'exprimer ma joie de vivre et mon tempérament de boute-en-train. Vous êtes plusieurs à nous entraîner, dont vous, monsieur O. L'un nous fait travailler les sauts, l'autre les pirouettes, un troisième les petits pas, un autre encore s'occupe de notre préparation physique…

Parmi les entraîneurs, Jean-Christophe me motive particulièrement. Je l'ai vu à la télévision, aux championnats d'Europe et du monde. Il est gentil, attentif. On est super admiratives, parce qu'il est capable d'effectuer lui-même un triple saut après deux tours de piste. Je lui demande toujours des conseils, des heures supplémentaires. Il me glisse des recommandations personnalisées : « N'oublie pas ton épaule gauche », « Attaque bien ton programme ». « Garde ton port de tête comme si dix mille personnes te regardaient », « Allonge la première jambe de la poussée pour aller croiser, la deuxième doit bien rester sur le côté pour prendre de la puissance »... Une complicité technique s'installe entre nous, une relation forte se noue.

Ses suggestions bienveillantes et avisées me font énormément progresser. Je suis en confiance totale. Grâce à lui, je repousse mes limites, car il tire le meilleur de moi-même. L'entraîneur est une pièce essentielle dans la construction de la carrière d'un sportif, vous êtes bien placé pour le savoir, monsieur O., vous qui pratiquez depuis plus de trente ans. C'est la personne avec laquelle nous passons le plus de temps dans une journée, c'est un coach, mais aussi un psychologue, un parent, un confident... Il partage nos souffrances et nos espoirs, nos efforts et nos découragements, il connaît sur le bout des doigts nos faiblesses et nos forces. C'est le seul être susceptible de savoir jusqu'où on peut aller, celui qui nous rassure et nous donne le petit coup de pouce déterminant pour monter sur le podium. Son emprise sur le sportif est bien supérieure à celle des parents. Je retrouve aujourd'hui ce phénomène dans les yeux brillants de mes élèves. Elles iraient décrocher la lune si je l'exigeais, elles se mettraient en danger pour recevoir un seul mot d'approbation. La responsabilité morale d'un entraîneur est très forte. Il faut savoir demander, et savoir aussi ne pas trop demander.

Avec Jean-Christophe, je commence à obtenir de bons résultats aux compétitions. J'excelle dans les figures libres, où je peux sauter et danser à loisir, en revanche, je vis mal les figures imposées, dont le principe est de tracer des cercles : un pied devant l'autre, on repasse au même endroit, le plus finement possible, le but étant de ne faire qu'une seule trace. En avant, puis en arrière, demi-cercle… Jean Christophe a été champion du monde de figures imposées : il est capable de passer trois fois et de ne laisser qu'une seule trace fine. Moi, je n'y arrive jamais. Je suis tellement légère que je ne vois jamais mon point de départ, je me perds, je ne sais plus où j'en suis… je déteste cet exercice que je trouve sans intérêt. Les juges alignés juste devant nous me font peur. Ils scrutent nos tracés avec une tête de six pieds de long et assènent leurs fichues notes. Certaines filles exécutent admirablement ces figures et décrochent de superbes résultats alors qu'elles ne savent pas sauter. Je trouve cela injuste. Par chance, cet exercice sera plus tard abandonné dans les compétitions. Je n'aurai plus que le programme court, avec ses sauts imposés, sa chorégraphie, ses pirouettes, ses arabesques, ses petits pas, et un programme libre qui me permet d'exprimer mes talents et mon goût pour le ballet artistique.

Depuis toute petite, j'ai un modèle, une idole : Katarina Witt, la belle patineuse allemande, deux fois championne olympique. Il y a eu beaucoup de virtuoses dans le patinage, mais, pour moi, il n'y a jamais eu qu'elle. J'ai sa photo dans ma chambre, je l'imite dans mon salon, je répète ses mouvements et je patine sur les mêmes musiques. Je demande à mon père de me réveiller en pleine nuit pour la regarder quand elle passe à la télévision. On l'admire ensemble, blottis sur le canapé, heureux. Il me glisse toujours : « Sarah, un jour, ce sera toi la championne qui passera à la télé. » Mon père est fou de sport… et de moi. Il est tellement fier ! Il m'offre les plus beaux collants, les plus belles tenues, rien n'est trop beau pour sa fille. Il est toujours là, pilier solide et soutien indéfectible. Il me pousse : « Plus tu auras les patins aux pieds, plus tu réussiras. » Quand j'échoue à une compétition, il me réconforte. « Tu as perdu une bataille, pas la guerre. »

Il m'accompagne le plus souvent possible aux compétitions importantes. Il est présent lors du championnat de France espoirs. Nous sommes en 1988. J'ai treize ans, et je vise le podium. Si j'arrive dans les trois premières, je passe à un niveau supérieur aux yeux du club. L'enjeu est important, mais j'aime les moments comme ceux-là, ils me galvanisent. En plus, j'adore mon programme, je l'ai un peu copié sur celui de Katarina. J'obtiens la troisième place. Pour mes concurrentes, je deviens la petite brune à longue natte avec laquelle il faudra dorénavant compter. J'ai encore les photos où l'on me voit, éclatante de bonheur, dans ma tenue blanche à dentelles. Un an après, je deviens vice-championne de France junior sur un programme court oriental qui me tient particulièrement à cœur, étant donné mes origines tunisiennes. J'ai quatorze ans, et le monde s'offre à moi.

Mais le ciel me tombe brutalement sur la tête. J'apprends que Jean-Christophe, mon entraîneur adoré, est viré du club. À la patinoire, personne ne comprend pourquoi ce coach si populaire, dévoué et compétent est éjecté. Lui-même reste flou sur les raisons de son éviction. Je lui pose la question, bien sûr. Officiellement, il part à cause d'un différend d'ordre financier.

Je suis effondrée de le perdre. Dans mon esprit, ma carrière est fichue. Je n'ai plus envie de patiner. La nuit, je vais me blottir en sanglotant dans le lit de mes parents, du côté de ma mère, avec quelques-unes de mes peluches. J'ai toujours été entourée de peluches. Elles me réconfortent et me rassurent. J'en possède à l'époque une bonne cinquantaine sur mon lit, dont un singe, donné depuis à ma fille, un Mickey, un Bisounours, un petit chien offert par ma mère quand j'ai réussi le double axel… Pour être honnête, je ne me suis séparée de la dernière peluche que tout récemment, à la demande désespérée de mon mari.

Jean-Christophe a trouvé un poste à la patinoire de Nice. Je demande à le suivre. Mon père, qui ne recule devant aucun effort pour sa fille, est prêt à déménager et à traverser la France du nord au sud chaque semaine. Nous appelons Jean-Christophe, qui est d'accord sur le principe. Mais il ne trouve pas d'école susceptible de m'accueillir en sport-études. Je comprends que je vais devoir continuer ma formation à Paris, sans lui. Triste et désemparée, j'ai du mal à me concentrer sur mon patinage. Mes parents sont inquiets de me voir dans cet état. Un soir, monsieur O., vous acceptez de venir à la maison pour en discuter. Je m'en souviens très bien. Vous vous asseyez autour de la table, avec ma mère et mon père. Je vous demande entre deux sanglots pourquoi vous avez renvoyé Jean-Christophe. Vous me répondez avec gravité : « Les décisions que nous avons prises sont réfléchies, nous ne reviendrons pas dessus. Nous avons nos raisons. » Et vous ajoutez : « Mais ne t'inquiète pas, nous allons t'aider à surmonter tout ça, nous allons trouver d'autres entraîneurs, et je m'engage à m'occuper plus particulièrement de ta carrière. Tu as un potentiel énorme et tu peux faire de grandes compétitions. Je vais bien m'occuper de toi. » En parlant, vous caressez de votre grande main mon visage baigné de larmes. « Je vais bien m'occuper de toi. » Ces mots résonnent en moi, aujourd'hui. Oui, vous vous êtes occupé de moi.

À la suite de cet entretien, je commence à m'entraîner avec vous l'après-midi. Nous sommes une dizaine de patineurs, dont mes copains Laurent et Laetitia. Je devrais être flattée de patiner avec les grands, mais je déchante. Vous êtes bien moins bon que Jean-Christophe techniquement, et, surtout, vous criez énormément, vous êtes même violent. Quand vous n'êtes pas content, vous foncez sur nous en patins, vous nous projetez d'un coup d'épaule contre la barrière. Vous nous agrippez par le cou, nous soulevez au-dessus de la glace contre la vitre en Plexiglas, tout en criant, puis vous nous lâchez brusquement, nous laissant retomber sur la glace, mortifiés et douloureux. Vous appelez ça *oshimata*. C'est terrorisant. On en garde régulièrement des marques sur le cou. Mais personne n'ose protester. Quand vous y êtes allé trop fort, vous appelez mes parents avant même que je rentre chez moi et vous déclarez : « Elle a été insupportable, elle a encore tapé du pied », « Elle a un sale caractère », « Elle n'en fait qu'à sa tête ». Quand j'arrive à la maison, il est trop tard pour défendre ma position. Ma mère, remontée par le coup de fil, m'engueule. On s'engueule. Je rentre dans ma chambre en claquant la porte. Et le silence s'installe.

Bizarrement, vous vous occupez aussi de nos étirements au sol dans la salle de sport. Je dis « bizarrement » parce que, avant, lorsque je patinais le matin, c'était une danseuse, la femme de notre autre entraîneur, Didier, qui assurait cette partie de notre préparation. Mais, pour les patineuses de l'après-midi, vous tenez à superviser cet exercice, que vous semblez adorer autant que nous le détestons. Je suis très surprise la première fois. Nous nous allongeons sur le ventre et devons ouvrir les jambes le plus largement possible, jusqu'au grand écart. J'entends vos pas approcher, je sens d'un coup votre poids écraser mon dos, votre ventre se coller à mes reins. Avec vos bras, vous m'écartez les jambes. Je respire votre souffle chaud dans mon cou. Et l'odeur de votre parfum. Fahrenheit. Il me donne encore la nausée aujourd'hui. J'ai mal, je suffoque, j'attends en apnée que vous vous releviez. Soudain, le poids s'allège, je vois que vous faites subir le même calvaire à la patineuse d'à côté. Vous êtes le seul parmi les entraîneurs à vous coller ainsi sur nous, à chaque cours. Toutes les patineuses détestent ça. Parfois, on se dit : « Il a encore fait ses étirements », et nous nous comprenons. Qu'est-ce que nous comprenons, d'ailleurs ? Nous sentons bien que quelque chose cloche, que cet exercice nous met mal à l'aise. Mais vous êtes le patron de la patinoire, votre légitimité à nos yeux est totale, votre pouvoir absolu. Vous pouvez virer un entraîneur, exclure n'importe quel élève. Nos parents nous ont confiés à vous, notre carrière est entre vos mains, et la clef de nos rêves dans la poche de votre costume. On vous craint, nos parents vous respectent. Maman, qui vient souvent donner un coup de main au club, et qui vous connaît bien, vous trouve « brillant ». Si vous vous allongez sur nous et que personne ne dit rien, ça doit être normal. On se tait. Comme on se tait quand, avant d'entrer sur la glace, on sent votre main nous donner une claque sur les fesses. C'est une petite tape « porte-bonheur », plaisantez-vous. C'est comme ça, et il n'y a rien à dire.

Non, décidément, je n'aime pas vos méthodes, monsieur O., et mon patinage s'en ressent. L'entraînement que je suis avec vous est loin de compenser le vide laissé par Jean-Christophe, qui me manque terriblement. Je me traîne. Le soir, de retour à la maison, je ne raconte plus mes journées comme avant. Mes parents, qui viennent me voir sur glace le samedi, se rendent bien compte que je ne progresse plus. Pire, je régresse. Mes triples sauts passent moins bien, je suis irritable, nerveuse, je tape de plus en plus souvent la glace avec mes patins. Je perds la flamme. L'été arrive. Comme la plupart des sportifs de haut niveau, je pars toujours en stage à cette période de l'année. J'avais huit ans lors du premier. C'était à Arcachon, pendant trois semaines, chez ma coach Huguette. La discipline était déjà forte : des nuits à six dans la même chambre, sur de petits lits individuels et des matelas par terre, des levers à 5 h 30 le matin, des engueulades sur la glace… Depuis deux ans, je participe au stage de La Roche-sur-Yon, que vous organisez. C'est un stage réputé, où se retrouvent des élèves de toute la France. Le planning est encore plus exigeant : huit à dix heures de sport quotidien, assouplissements, étirements, préparation physique, natation, danse au sol, footing, patinage… sans parler du parcours chronométré dans le gymnase, à la

« Ninja Warrior », où l'on doit courir, sauter par-dessus les barres, passer entre les poteaux, enchaîner avec dix pompes et autant d'abdos… Ce n'est pas l'éclate, je déteste particulièrement le footing jusqu'à la ferme, où j'arrive toujours la dernière, parce que je m'arrête pour manger des mûres en douce. Cependant, un stage réussi à La Roche-sur-Yon, c'est la promesse d'une saison efficace, l'assurance d'être en bonne condition pour progresser et briller en compétition. Incontournable, quand on a de l'ambition. Et Dieu sait si j'en ai.

Cette année-là, j'ai pourtant un autre projet : effectuer mon stage d'été à Nice, avec Jean-Christophe. J'espère que quelques semaines de travail à ses côtés me permettront de me reprendre. Jean-Christophe est évidemment d'accord. Mais vous, monsieur O., vous vous y opposez fermement : « Si Sarah va à Nice cet été au lieu de La Roche-sur-Yon, elle sera virée du club. » Votre menace est sérieuse, nous cédons. C'est donc le cœur bien gros que je vais, en ce mois de juillet 1990, suivre votre stage.

Vous êtes dans votre bureau, en pantalon noir et chemise. Il y a du monde, je ne sais pas qui, mais il y a du monde. Vous essayez de m'embrasser dans le cou et sur la bouche. Je vous repousse. Vous tombez sur les deux genoux, je ne vous vois plus, vous êtes caché par les tiroirs. Je sais que vous êtes là.

Je me réveille.

3

« Tu ne trouves pas bizarre que je sois là, assis sur ton lit ? »

En ce mois de juillet 1990, ma mère me conduit au lycée de La Roche-sur-Yon, en Vendée. Il fait beau. La voiture franchit la grille de l'établissement, s'engage dans le petit chemin, dépasse la cabine téléphonique, le gymnase, l'infirmerie, et s'arrête devant un bâtiment moderne, blanc avec de grandes fenêtres. Il est moche. Je viens d'avoir quinze ans et c'est la troisième année que je m'entraîne ici. Maman sort ma valise du coffre de la voiture. À l'entrée, quelques parents sont là aussi, avec leurs enfants. Je reconnais instantanément l'horrible odeur de vieux et de renfermé. Ce lycée pue. Dans les toilettes, c'est à la limite du supportable. C'est comme ça.

Vous nous accueillez. Je vous salue d'un « Bonjour, monsieur O. ». Vous prenez du plaisir, ça se voit, à faire visiter les lieux. Vous montez les marches avec entrain. Vous devez avoir environ trente-cinq ans, à l'époque. On dépasse le deuxième étage, où vous logez avec votre femme. Au troisième étage, vous désignez les box alignés, avec les cloisons qui montent à mi-hauteur. « Ici, c'est l'étage des garçons. Et au fond, la chambre du surveillant. » Vous montez encore un étage : « Voilà le dortoir des filles ! » Vous insistez, comme chaque année : « Soyez rassurés, elles ont une surveillante femme. Chacun reste bien à son étage, et on y veille ! » Vous riez, bonhomme. Et les parents rient avec vous. Avec vos bonnes manières, votre look classe, vos cheveux impeccablement lissés en arrière, vous les rassurez et les séduisez. Certains jeunes ne resteront ici qu'une ou deux semaines. Moi, j'ai signé pour huit semaines, parce que j'espère intégrer très bientôt l'équipe de France, et je suis prête à sacrifier tout mon été pour y arriver. Dire que je pourrais me la couler douce en vacances à Miami chez mes tantes, ou en Israël en famille, plutôt que de venir m'enfermer ici, pour en baver ! L'année précédente, ma mère était restée sur place, c'est elle qui avait occupé le box dédié à la surveillante. Mais, cette année, elle ne sera pas là. Elle part retrouver mon père et mon demi-frère à Nantes. Je rejoins le box qui m'a été dévolu, tout au fond de la grande salle. Je retrouve les murs recouverts de vieille moquette rose à rayures, installe ma valise sur le lit étroit, range mes affaires dans l'armoire : les survêtements, les patins, la chemise de nuit… Mes peluches, je les pose sur l'oreiller.

« Tu ne trouves pas bizarre que je sois là, assis sur ton lit ? »

Qu'est-ce que c'est que cette voix ? Et cette lumière sur le visage qui m'arrache à mon sommeil ? J'ouvre les yeux, mes paupières sont lourdes. Je suis bien dans mon lit, dans mon box, à La Roche-sur-Yon. Il fait nuit, ce n'est pas l'heure de se lever ! Mais pourquoi êtes-vous là, monsieur O. ? Vous braquez votre lampe torche sur mon visage, vous m'éblouissez. Vous vous penchez sur moi et vous me reposez cette question : « Tu ne trouves pas bizarre que je sois là, assis sur ton lit ? » Ben si, c'est bizarre. Je vous fixe, ensommeillée et interloquée, aucun son ne sort de ma bouche. Vous paraissez encore plus livide que d'habitude à la lumière de votre torche. Vos yeux sont encore plus exorbités. Vous vous collez contre moi, je sens votre parfum, celui qu'on respire chaque fois que vous vous allongez sur nous pendant les étirements. Votre bouche sent mauvais. Je n'y connais pas grand-chose en alcool, mais je sais que vous êtes soûl. Vous chuchotez : « Voilà, il fallait que je te le dise, j'aime ma femme, mais dans un coin de mon cœur, je t'aime. » Je sens tout à coup vos lèvres, et votre langue entrer dans ma bouche. Votre salive… Je suis submergée de dégoût, mais incapable de faire un geste, comme tétanisée. Je ne comprends pas ce qui se passe. Votre ventre fait des bruits. Vous me dites : « Tu aimes plaire, toi, tu le sais, que tu as du charme. » Vous palpez mes seins en respirant bruyamment. Vous les pincez très fort, vous me faites mal. Vous glissez votre bras sous le drap. Je suis en chemise de nuit, sans culotte. Votre main me touche en bas, entre les jambes. Vos ongles me griffent, j'ai mal. J'ai peur, je voudrais fuir, mais je ne bouge pas. Je voudrais crier, mais aucun son ne sort de ma bouche. Je ne comprends pas ce que vous faites. Combien de temps cela a-t-il duré ? Je l'ignore. Vous finissez par souffler : « Tout ça, c'est secret, il faut que ça reste entre nous, Sarah. » Et juste après, vous esquissez ce geste, que vous reproduirez presque chaque fois ensuite : vous glissez votre main ouverte, à plat, sur mon visage. De haut en bas, très lentement. La main en descendant ferme mes yeux et ma bouche. De façon à la fois concrète et symbolique, elle me fait taire.

Je suis recroquevillée sur mon lit, silencieuse, sidérée. Je n'arrive pas à mettre des mots sur ce qui vient d'arriver. Il faut que je me rendorme. Demain, la journée va être longue, on a un rythme très intense, je vais être épuisée. Mais pourquoi avez-vous fait ça, monsieur O. ? Vous êtes marié, votre femme dort là, juste en dessous ! Et vous êtes vieux ! Que puis-je faire ? Vous êtes mon entraîneur… déjà que je ne m'entends pas avec vous sur la glace, alors maintenant ? Et demain, que va-t-il se passer ? Je suis abasourdie, paniquée. Je guette toute la nuit. Vous ne revenez pas, cette nuit-là. Le jour pointe. Je me prends à espérer que vous ne reviendrez jamais.

Le lendemain, le réveil sonne. Les filles se lèvent comme tous les matins. J'ai peur de leur regard. Est-ce qu'elles savent ? Je ne peux rien leur dire. J'ai trop honte. Et puis, vous avez insisté : « C'est un secret. » Je n'imagine même pas qu'elles puissent être des victimes, elles aussi. Je suis submergée par ma propre stupeur. Ma copine Laetitia dort à l'autre bout de la salle. On va prendre notre petit déjeuner, à la cafétéria. On fait la queue avec nos plateaux en plastique marron. La nourriture est infâme, je ne mange pas grand-chose généralement. Mais là, rien ne passe, pas même le basique thé-pain-beurre-confiture. Je commence l'entraînement le ventre vide. J'arrive sur la glace. J'ose à peine vous regarder. Mais vous gardez votre attitude de tous les jours. Vous n'exprimez rien de particulier. Vous m'engueulez, comme à votre habitude. Comme si rien ne s'était passé cette nuit. Je suis perdue. Mon esprit est confus. Je sais pourtant que je n'ai pas rêvé. Je sais que vous avez fait des choses, je sais que j'ai eu mal, que ce n'est pas bien… Je me dis : « On est vingt filles les unes à côté des autres, les box sont ouverts, la surveillante est là, au fond. Il n'osera pas recommencer ! »

Vous avez recommencé. Sur mon petit carnet, j'ai noté sept dates, entre juillet et août. Avec des initiales qui changent, au fur et à mesure de l'évolution des agressions. T pour « touchée », P pour « pelotée ». S… j'ai du mal à l'écrire, je n'en ai jamais parlé à personne, de ces détails, même pas à ma psychologue, des années plus tard. C'est si répugnant. S pour « sucée », parce que vous mettiez votre grosse tête entre mes jambes et embrassiez mon sexe. Vous m'avez aussi demandé d'embrasser le vôtre. « Ma femme ne veut pas le faire, et les hommes adorent ça ! » J'ai résisté. Je n'ai jamais fait le moindre geste. Je n'étais qu'une planche inactive sur laquelle vous assouvissiez vos pulsions malades, le jouet passif et tétanisé de votre perversité.

Je ne me suis pas enfuie, je n'ai pas hurlé. Après coup, des années plus tard, je voudrais être là et pouvoir dire dans le creux de l'oreille à la petite Sarah de l'époque : « Crie, débats-toi, enfuis-toi ! » Je ne le pouvais pas. J'étais tétanisée. Je n'étais d'ailleurs plus vraiment là. Mon esprit partait, je ne ressentais rien. Comme si j'étais absente de mon corps. J'ai appris depuis que c'est une forme de résistance courante chez les victimes, dans les situations de grande violence. Lorsque le cerveau est confronté à des actes, des scènes trop stressantes, qu'il n'arrive pas à assimiler, il se coupe des émotions et des douleurs. On appelle cela la « dissociation traumatique ». La psychiatre Muriel Salmona, dont j'ai lu avec attention les écrits depuis, l'explique très bien sur le site de son association Mémoire traumatique et victimologie : « La dissociation traumatique est due à un mécanisme neurobiologique de sauvegarde exceptionnel mis en place par le cerveau de la victime pour survivre à un stress extrême. Les violences, par leur caractère impensable, produisent un état de sidération qui, en paralysant les fonctions mentales supérieures, rend incontrôlable la réponse émotionnelle. Le choc entraîne une déconnexion de la victime avec ses perceptions sensorielles, algiques et émotionnelles, avec une anesthésie émotionnelle. »

Sur les autres dates du carnet, il y a C pour « coucher ». Évidemment, je suis vierge. Ce premier soir du C, le 29 juillet, vous m'embrassez, vous remettez votre doigt là où ça me fait mal, et vous montez sur moi... Vous me demandez : « Tu n'as eu personne avant moi, hein ? » Ça vous excite. Ce que vous me faites, monsieur O., je ne savais même pas que cela existait. Cet été-là, je viens d'avoir quinze ans, et je suis encore très naïve. J'ai déjà embrassé un garçon de mon âge, une fois, mais je ne sais pas comment on fait l'amour. Mon corps clinique de patineuse, je l'envisage essentiellement, depuis que je suis toute petite, pour ses capacités de résistance, de discipline et de dépassement de soi. Je suis une oie blanche élevée dans une bulle, dédiée au sport. Après m'avoir pénétrée, vous commentez juste, l'air surpris : « Tu n'as pas saigné. » Je ne sais même pas pourquoi vous dites ça. Vous n'utilisez pas de préservatifs, de toute façon je ne sais même pas que ça existe. Je ne comprends donc pas que je pourrais tomber enceinte... Je sais juste que vous n'avez pas le droit, je ne vous aime pas, vous êtes vieux, et moi trop jeune.

À côté du C, sur le carnet, j'ai aussi noté des horaires : « de 2 h 30 à 5 h ». C'est le temps pendant lequel vous me tenez éveillée. Vous me réveillez avec votre lampe, vous la braquez sur moi, vous attendez que la lumière me tire du sommeil, vous vous asseyez sur le lit et vous me dites : « Il ne faut pas m'attendre comme ça, tu sais, Sarah, tu as le sport demain, je ne veux pas que tu sois fatiguée. » Vous me réveillez et vous déclarez que c'est moi qui vous attends ! Comme si j'étais complice ! Votre esprit pervers inverse la situation. Moi, je sais bien, pourtant, que je ne vous attends pas ! Vous me réveillez ! Je ne veux pas de vous ! Non seulement je déteste ce que vous me faites, mais en plus je panique sur le stage lui-même. Les journées sont intensives, toutes les filles sont épuisées et s'écroulent le soir. Mais moi ? Ces nuits sans sommeil sont une torture. Quand vous finissez par partir, je sombre une heure ou deux, et il faut déjà se lever. En journée, je suis dans un état lamentable, je chute tout le temps sur mon triple boucle piqué, je titube. Dans ma tête, c'est l'hécatombe. J'ai déjà perdu mon entraîneur préféré il y a trois mois, je perds pied techniquement, et je n'arrive plus à suivre le rythme de ce stage, tout cela est si angoissant… Pourquoi me faites-vous ça, à moi ?

J'essaie de rattraper le sommeil perdu le week-end, quand je retourne à Nantes. Maman vient généralement me chercher le samedi midi. Quelquefois, papa l'accompagne. Vous leur proposez de rester déjeuner, vous les invitez au Clemenceau, un très bon restaurant de La Roche-Sur-Yon. Ils vous respectent tant. Entre vous, la confiance est totale. À Nantes, on s'entasse dans le petit appartement de la boîte de nuit que gère mon père, quelquefois je dors à côté, chez « tonton James » et « tata Cole », pour éviter le bruit de la musique. On mange bien, on rit ensemble, on est une famille très aimante et unie. Mon frère est DJ, il se met à la cabine de disque, je prends le micro et je chante. J'adore tout particulièrement la chanson de Lio « Les brunes comptent pas pour des prunes ». Est-ce que j'ai chanté comme d'habitude, cet été-là ? Suis-je plus fatiguée, triste ou effacée ? En tout cas, personne ne remarque rien dans la famille. Et je ne confie rien. Comment dire : « Papa, maman, le patron de la patinoire et tout-puissant manager du club, mon entraîneur, celui que vous estimez tant, et qui tient entre ses mains mon avenir de championne, vient me voir la nuit pour faire des choses dégoûtantes » ? « Mes chers parents, vous avez tout sacrifié pour moi, vous avez déménagé, mis en sourdine votre vie de couple, rogné sur vos loisirs, dépensé tout votre argent… et on va tout laisser tomber maintenant » ? Et ensuite, il aurait fallu décrire ces trucs immondes qu'il me faisait ? Je ne l'ai même pas envisagé. Je sais que la plupart des victimes, surtout jeunes, se taisent. J'ai lu depuis comment les psychologues expliquent ce silence : la surprise, l'état de sidération, l'ascendance de l'adulte sur l'enfant, surtout s'il est en situation de pouvoir. La honte, la difficulté même à mettre des mots sur ce qu'on vit, la peur… J'ai ressenti tout ça. En partant, vous disiez toujours : « C'est un secret entre nous, Sarah. » J'ai gardé le secret, monsieur O. C'est douloureux, trente ans plus tard, de se dire qu'on a été enseveli aussi par son propre silence. Le dimanche soir, maman me ramène. Il vous arrive de lui proposer de passer la nuit sur place. Dans un autre bâtiment que le mien, évidemment.

Mi-août, le stage se termine enfin. Et, comme tous les ans, nous organisons un gala de clôture, devant les habitants de la ville et nos parents. Ce soir, pour moi, signe la fin du cauchemar. J'ai préparé deux exhibitions spéciales, en hommage à mon ancien entraîneur, celui que vous avez viré, celui dont l'absence est si cruelle : Jean-Christophe. J'ai décidé de patiner sur ses musiques préférées, celles qu'il mettait tous les matins en musique d'ambiance avant d'enchaîner sur les programmes : « Sale bonhomme », chanté par Claude François, et « Sacrifice », d'Elton John. Ça ne s'invente pas. Quand je revois la vidéo, j'ai le cœur serré. Je porte une combinaison toute blanche, je patine avec une telle intensité, une telle émotion. Ce que je vois sur la glace est un cri. Un appel au secours. Avec mon corps, j'exprimais ce que je ne pouvais pas formuler. Les spectateurs ont senti l'émotion, j'ai été ovationnée, mais évidemment personne n'a compris le message. Et Jean-Christophe, à qui était destiné cet appel, ne l'a jamais reçu.

Après le spectacle, nous partons nous coucher. Ce soir-là, je pense être tranquille, dormir enfin. Mes parents sont à la patinoire en train de boire un verre, avec les autres spectateurs, et donc avec vous. Je me trompe. Vous surgissez dans mon box, avec votre lampe torche. Vous avez prétexté devoir faire un aller-retour pour nous surveiller. Vous me prenez le bras, vous chuchotez : « Viens, ce sera plus tranquille. » Vous me poussez dans un renfoncement près des toilettes, vous faites vos affaires. Quand vous me lâchez, vous rejoignez la patinoire et ses lumières. Sans doute avez-vous bu un verre avec mes parents ce soir-là. Et sans doute vous ont-ils félicité pour ce stage réussi.

À Paris, j'imagine que la vie va reprendre son cours normal. Je vais dormir en sécurité chez moi, dans mon lit. Vous ne pourrez plus vous approcher. Je vais oublier tout ça très vite. Mais, sur le petit carnet, les mois suivants, j'ai écrit d'autres dates, avec de nouveaux C en face. Parce que, de retour à Paris, vous avez continué, monsieur O.

Un jour, en fin d'après-midi, vous proposez à ma mère de me garder une heure de plus à la patinoire. Vous estimez que je ne progresse pas assez, que je manque, dites-vous, de concentration. Et pour cause… C'est vrai que je ne vais pas bien, techniquement. Comme si je me sabordais. Vous précisez que vous me ramènerez en voiture à la maison. Une proposition comme celle-là ne se refuse pas. Ma mère est ravie, elle vous sait gré de votre dévouement : « C'est si gentil de votre part. » Je ne peux qu'obtempérer. Au fond de moi, c'est la panique. Que va-t-il se passer ? J'évite de rester seule avec vous dans le bureau. Sur la glace, vous m'entraînez une vingtaine de minutes. « Allez, hop, on y va. Sarah, range tes affaires, je te ramène. » Je délace mes patins en silence sur le banc de bois, le cœur gros, il n'y a plus personne dans la patinoire. Je n'ai pas d'autre choix que de vous suivre. On marche dans le grand parking sombre, pour récupérer votre voiture, une Opel grise. Vous démarrez, verrouillez les portières. La voiture s'engage sur la rampe, mais elle ne prend pas la direction de la sortie ! Je réagis tout de suite : « Ce n'est pas le bon chemin ! » Vous ne répondez pas. La voiture descend au deuxième sous-sol, là où le parking est vide et noir. Vous arrêtez la voiture, vous vous tournez vers moi. Je reconnais ce regard, celui que vous aviez à La Roche-sur-Yon. Je suis fichue, prise au piège. Vous défaites votre pantalon et montez sur moi. Je suis enfermée.

Pendant deux ans, vous dites régulièrement à ma mère : « Ce soir, je garde Sarah pour l'entraîner. » Et vous me violez dans le parking, les vestiaires et dans des recoins de la patinoire dont je ne soupçonnais même pas l'existence. Vous avez toutes les clefs, de toutes les pièces. Une fois, vous m'emmenez chez vous : « Faut que je passe chez moi prendre des papiers. » À côté du canapé où vous m'avez fait basculer, il y a un séchoir, avec des vêtements de bébé. Pendant que vous agissez, je regarde, choquée, ces petits vêtements qui pendent à côté de ma tête, et je me dis : « Il a un bébé et il me fait ça ? » Quelle sensation horrible, monsieur O. Une autre fois, vous me dites : « Je dois aller changer l'eau des poissons chez mes parents. » J'espère naïvement que c'est vrai. Je ne me souviens plus tellement de l'appartement lui-même, je me rappelle juste que c'était à quelques minutes de chez moi seulement. Je me suis dit : « C'est trop bête, si près », quand vous m'avez ramenée ensuite en voiture.

Au fur et à mesure de ces viols, vous devenez plus expansif. Vous prenez l'habitude de me susurrer des mots obscènes à l'oreille, du genre : « Tu aimes ça, salope ! Hein, tu aimes ça, salope ! » Je me sens encore plus perdue. Quand vous avez fini, vous me reconduisez toujours en voiture, au pied de l'immeuble. Vous ne montez pas, vous me laissez en bas. Je prends l'ascenseur jusqu'au sixième étage en espérant ne croiser personne, je me sens si sale. Maman me demande : « Ça s'est bien passé ? » Je réponds vite fait un truc du genre : « Oui, ça revient un peu, les sauts », et je file directement sous la douche. Je reste toujours très longtemps sous l'eau chaude, même si elle brûle mes tétons meurtris. Ils sont tout rouges, ils me font mal. Vous aimez bien les pincer et les tourner. J'ai honte de ces tétons abîmés qui ressortent, avec leurs croûtes de sang. J'ai peur qu'ils restent toujours comme ça. Je dirige toujours aussi le jet d'eau vers ma bouche, et je reste ainsi longtemps, avec l'eau qui entre et rejaillit. Je me lave l'intérieur du corps, je recrache l'eau pourrie. C'est devenu un tic, que je garde encore aujourd'hui. Je n'avais même pas conscience de l'incongruité de ce geste, jusqu'à ce que je voie récemment ma fille de huit ans le faire. J'ai ressenti une violente décharge, et j'ai crié : « Arrête, Stella, pourquoi tu fais ça ? » « Mais je fais comme toi, maman ! », m'a-t-elle répondu tranquillement.

Au mois de novembre 1990, notre patinoire ferme, car elle accueille des compétitions sportives. Nous partons quinze jours à la patinoire d'Amnéville. Votre ex-femme en est originaire, elle connaît bien le patron de cette patinoire, qui peut nous héberger tous. Mes parents me déposent. C'est une grande bâtisse, on nous fait monter des marches à l'extérieur, on arrive dans nos chambres. Ouf, nous sommes trois dans la mienne, et je note tout de suite que la porte ferme complètement, il y a même un verrou. Ici, contrairement à La Roche-sur-Yon, ce ne sont pas des box semi-ouverts. Je suis un peu rassurée, je pense que vous ne pourrez rien faire. On se couche. La porte s'ouvre soudain. Vous entrez sans même avoir frappé, je comprends que vous devez avoir le pass : « Les filles, je viens vérifier que vous n'êtes pas avec des garçons. » Vous me regardez et refermez la porte. Je me tourne et me retourne dans mon lit. « Il ne va pas oser, les filles sont là, dans la même pièce ! » Je me barricade avec la couverture, ma peluche dans les bras, je guette la porte. Je m'endors. On me secoue. C'est vous. Vous chuchotez : « Viens, suis-moi, je dois te parler », et vous agrippez mon bras. Je scrute les autres lits dans la nuit, les filles ne font pas de bruit, elles doivent dormir. Mais pourquoi peuvent-elles dormir, elles ? Pourquoi est-ce toujours moi que vous réveillez ? Je vous suis jusqu'à la petite cuisine attenante à la chambre. J'ignore pourquoi je vous suis. J'ai peur de ce qui se passerait si je résistais, des représailles, du scandale, de la honte au grand jour, de la déception de mes parents… J'ai froid, le sol est glacé, et je suis terrorisée à l'idée qu'une des filles surgisse. Vous relevez ma chemise de nuit et vous faites vos trucs dégoûtants, très vite, parce que c'est encore plus risqué qu'à La Roche-sur-Yon. Peut-être que le risque vous excitait aussi, monsieur O. ?

L'été suivant, mes parents et moi sommes invités par le président du club à venir passer trois jours dans sa maison à Mézos. Il a aussi convié mes copains Laurent et Laetitia. Celle-ci a décliné. Peut-être n'a-t-elle pas pu venir, peut-être n'a-t-elle pas voulu, au vu de ce qu'elle me dira de vous plus tard. Vous étiez là aussi, monsieur O., avec votre femme. Je me souviens bien de ce lieu. On m'avait attribué une chambre toute seule. Nous étions tous au même étage, y compris ma mère, je pensais que ce serait dissuasif. Ça ne l'a pas été. La nuit, vous êtes entré dans ma chambre. J'ai retrouvé des clichés de nous tous dans la piscine. Je croyais les avoir déchirés, ils étaient à la cave. J'ai eu un choc en retrouvant ces photos du mensonge et du silence. Elles m'ont glacée. Sur l'une, vous me portez à bout de bras, j'ai ma grande natte dans le dos, je prends la pose de patineuse, bras écartés, jambes tendues, tête haute, grand sourire... Sur d'autres photos rangées dans la même boîte, vous posez à côté de moi lors des compétitions, souriant, une main protectrice sur mon épaule.

Un jour, nous sommes tous convoqués à Chantilly pour des bilans médicaux. Nous y passons la journée. Laetitia et Laurent sont là, eux aussi. Ma mère m'a emmenée. Elle attend dans les couloirs. Je suis l'une des dernières à passer. Vous arrivez, vous dites : « Ça va encore être long », et vous proposez de me ramener. « Non merci, c'est gentil, j'attends », répond ma mère. Vous insistez : « Mais non, allez-y, Martine, avec tout ce que vous faites pour nous, je peux bien faire ça. » J'assiste impuissante à l'échange. Et ma mère finit par accepter. Dans la voiture, sur le chemin du retour, on roule en silence. J'espère encore, je me dis : « Il n'y a pas de parking, il ne peut pas se cacher. » Mais vous arrêtez la voiture devant une bâtisse. Je vois que c'est un hôtel ! Vous me demandez de sortir de la voiture, de marcher jusqu'à la réception. Je pense : « Ils vont bien voir que je suis trop jeune, que ce n'est pas normal, ils vont refuser. » Mais non. Le monsieur ne me remarque pas. Vous donnez même votre nom, vous payez même avec votre carte ! Vous n'avez pas honte de donner votre nom ? Après avoir fait ce que vous vouliez faire, vous me ramenez chez moi. Je prends une longue douche et, tandis que l'eau pourrie ressort de ma bouche, je sanglote. Je ne me reconnais pas, j'ai perdu mon sale caractère de championne, je ne sors plus mes triples sauts, ma carrière part en vrille, mon entraîneur abuse de moi, il n'y a pas d'issue. Comment vais-je m'en sortir ?

Depuis que vous êtes mon entraîneur, tout va mal, monsieur O. Je n'ai plus l'énergie, plus envie de patiner, je chute plusieurs fois à chaque compétition, j'ai la tête ailleurs. Vous m'avez bousillée, et cela se voit sur la glace. J'ai bientôt dix-sept ans, je rêve d'être une championne, mais quelque chose est cassé. Je suis en perdition. Quand je revois les vidéos de cette époque, je mesure à quel point. Lors d'une compétition, je tombe quatre fois de suite, ce qui est énorme, j'ai le regard vide et les bras ballants le long du corps. Cela ne me ressemble pas : jamais, depuis que je patine, je n'ai adopté ce type de posture résignée sur la glace. J'ai perdu ma combativité, je suis complètement perturbée, c'est flagrant. Sur l'image, on vous aperçoit debout derrière la barrière. Vous assistez au désastre. Vous avez piétiné mon âme, monsieur O., et ma carrière aussi. Mon moteur intérieur est coupé, j'ai perdu la foi.

Je suis dans un parking, Je ne supporte pas les parkings, à cause de tout ce que vous m'y avez fait subir. Je ne me sens pas bien. Je marche très vite, j'entre dans la patinoire, je viens pour l'entraînement au sol. Je me retrouve dans une grande salle avec mes élèves. Mes parents sont là, silencieux. Vous arrivez et vous dites : « Je sais que c'est difficile pour toi, je vois que tu n'es pas bien du tout et que tu souffres. Écoute, je vais tout expliquer aux enfants, je vais leur mettre un mot et je vais me faire soigner. » Et moi, je réponds : « Non, non, ça va, tout va bien » avec une petite voix. Je sais qu'on va sortir le livre, et je ne veux pas que vous leur disiez avant, avec vos mots, avec vos mauvais mots. Je pense : « Il va tout faire capoter, on ne pourra rien faire à cause de lui, je vais encore devoir me taire. » Vous écrivez des mots sur des petits morceaux de papier blanc, et vous les donnez aux enfants. Ceux-ci reviennent vers moi pour me les montrer. Dessus, vous avez écrit : « Je vais me faire soigner, j'ai compris. » Les enfants me demandent : « Est-ce que c'est vrai, Sarah ? » « Ce n'est pas possible ? » J'ouvre la bouche, mais aucun son ne sort. Je suis muette.

Je me réveille.

4

Voyage en amnésie

La Fédération française des sports de glace organise dans mon club une journée de sélection de couples. J'ai vu passer l'annonce et je m'interroge. Peut-être que patiner à deux me redonnera l'énergie dont je manque ? Je n'ai plus grand-chose à perdre, je décide d'y aller. Il existe quatre disciplines dans le patinage artistique : le solo fille, le solo garçon, la danse sur glace et le couple artistique. C'est cette dernière que la Fédération veut relancer avec cette journée de sélection, car la France manque de champions dans cette catégorie. Le couple artistique est la discipline la plus difficile, car elle mélange danse et exploits techniques – portés périlleux, sauts lancés, sauts parallèles – à réaliser, ce qui ajoute à la difficulté, en duo. Les filles doivent être petites et dynamiques, les garçons musclés et grands, et tous doivent faire preuve d'un tempérament un peu kamikaze. Avec mon mètre cinquante-cinq et mes quarante-trois kilos, j'ai le profil. Quand j'avais treize ans, un entraîneur, Jean-Roland, était venu voir mes parents à la maison. Il m'avait repérée : « En couple artistique, Sarah peut atteindre les podiums mondiaux et olympiques, disait-il. Elle a tout pour : la taille, le poids, les qualités athlétiques. » Mes parents n'étaient pas chauds, estimant la discipline trop risquée. « Mais non, c'est plus impressionnant que dangereux, avait-il rétorqué. Avec une bonne technique, cela se passe bien. On commence petit à petit avec des portés au sol et un apprentissage très technique. Et puis, avec Sarah, cela ira vite, vu ses qualités. » Je l'avais écouté attentivement, mais je n'avais pas donné suite. Je rêvais d'une carrière solo, de devenir championne du monde comme mon idole Katarina Witt. L'idée était quand même restée dans un coin de ma tête.

Quatre ans plus tard, je me retrouve donc là, sur la glace, avec une vingtaine d'autres jeunes patineurs. Toute la journée, les entraîneurs évaluent notre compatibilité. Ils nous mettent les uns à côté des autres, pour mesurer « la beauté de la ligne », ils nous font patiner pour voir comment on glisse ensemble. Ils finissent par m'attribuer mon partenaire, Philippe, du Havre. Le jeune homme, que je connais un peu pour l'avoir croisé en compétition, est sympathique, mais je découvre qu'il ne vient à Paris qu'une fois ou deux par semaine. Assez rapidement, je trépigne. Ce n'est pas à ce rythme qu'on va progresser. Je passe mon temps à l'appeler pour qu'il prenne son train et qu'il me rejoigne. Je me lasse, et je finis par lui lancer un ultimatum : « Soit tu prends ton logement à Paris, soit on laisse tomber. » Il a laissé tomber. Je me retrouve seule, et un peu bête.

Ma mère, toujours fidèle, vient me regarder patiner le samedi. Depuis les gradins, elle voit Stéphane s'entraîner avec sa partenaire, Nadège. Ils sont assidus. « Il est bien, ce type ! me dit maman. Il faut que tu fasses un essai avec lui. » Je lui rétorque qu'il a déjà une partenaire. « Ce n'est pas grave, propose-lui ! », insiste-t-elle. Je n'ose pas. Je le connais un peu, ce beau brun aux yeux verts et au large sourire carnassier. Je le croise en compétition depuis plusieurs années, il n'est pas très musclé, mais très énergique sur la glace. Il vient de Colombes, comme son grand copain Philippe Candeloro, et tous les deux forment un duo très apprécié des filles. Ce sont les deux meilleurs jeunes patineurs et les deux têtes brûlées du club de Colombes. Ils jouent aux « bad boys » machos à qui il ne faut pas chercher d'embrouilles. Et moi, je ne me sens pas d'aller quémander son attention. Quelques jours plus tard, alors que je marche dans le couloir de la patinoire, sans patins, il s'avance vers moi, s'adosse au mur, un peu hésitant, et, l'air de s'en ficher, il balance : « Tu n'aimerais pas qu'on fasse un essai ensemble ? » Mon cœur bondit. C'est trop beau ! Je saute sur la proposition. Plus tard, il avouera qu'il m'avait repérée depuis longtemps. Il connaît mon niveau, il sait que je réussis mes doubles axels et mes triples sauts. Je suis petite, costaude, et je n'ai pas peur. Bref, je suis meilleure que sa partenaire. On essaie sur-le-champ quelques portés au sol. Il a déjà un peu de technique, il a fait du couple avec Surya Bonaly. Il me soulève… je me sens voler ! On ne m'avait jamais portée, et j'adore ! Je suis en confiance quand il me porte, et lui me trouve légère et facile à manier. C'est si fluide ! Le soir, je suis surexcitée quand je décris la séance aux parents : « C'est fabuleux comme sensation ! » Le lendemain, on essaie sur la glace. On commence par les sauts parallèles. On prend notre élan ensemble, on glisse, on saute, on se réceptionne en même temps. On arrive déjà à effectuer des sauts du niveau du championnat du monde ! Nous nous regardons et, sans oser nous l'avouer à voix haute, nous faisons clairement le même constat : cette osmose est géniale. Nous faisons d'autres essais, nous nous amusons beaucoup. Ravis, nous déboulons avec nos patins sous les bras dans le vestiaire de Jean-Roland. « On va patiner ensemble. » Il nous regarde, surpris, recrache la fumée de son cigare sous notre nez, signe de mécontentement chez lui : « Vous me foutez dans la merde, là ! Et la petite Nadège, qu'est-ce que je vais lui dire ? » Il est embêté, mais il sait qu'il n'a pas intérêt à couper notre élan. Un couple de glace peut ne pas s'entendre. C'était le cas par exemple de nos copains Gwendal Peizerat et Marina Anissina, champions olympiques de danse. Sur glace, ils donnaient l'impression de vivre une passion, dans les coulisses, ils ne se supportaient pas. Elle le traitait comme un chien, on l'entendait lui dire, avec son accent russe roulant les « r » : « Pourrrrr moi, tu es comme ma rrrrrraquette de tennis. » Mais patiner en couple, c'est tellement mieux quand on se choisit ! Jean-Roland le sait bien. Il nous fait faire un essai et le trouve concluant. Il part avertir Nadège qu'elle n'a plus de partenaire. Elle a dû m'en vouloir, je crois qu'elle n'en a jamais trouvé d'autre.

Vous n'entraînez pas les couples, monsieur O. C'est dorénavant Jean-Roland qui décide de notre emploi du temps. Vous ne pouvez plus me faire rester plus tard le soir. Je suis certes toujours dans votre royaume, mais désormais accompagnée en permanence par mon partenaire. J'arrive à la patinoire avec lui, je repars avec lui, je m'entraîne avec lui pendant les séances de préparation physique et les exercices sur glace. Vous n'avez plus le champ libre, monsieur O., et vous l'avez compris. Je me souviens très bien du moment de ma libération. En route vers les toilettes, je marche dans le couloir de la patinoire, et vous arrivez du parking. Vous me barrez le chemin. Je sursaute. Vous portez votre éternel costume noir et une chemise bleu clair. Vous voulez vous approcher de moi, je vous repousse, pour la première fois. Vous me fixez et murmurez : « Alors ça y est, c'est fini entre nous ? Maintenant tu as Stéphane ! » Cette phrase marque la fin du cauchemar. Je vous regarde dans les yeux moi aussi et, pour la première fois depuis deux ans, je n'ai pas peur de vous. Stéphane m'a sauvée. Je comprends que vous ne me piégerez plus. Je vous tourne le dos et je repars dans le couloir.

J'ai dix-sept ans, et je crois que tout peut redémarrer. Vous n'avez pas tout à fait réussi à tuer cette énergie viscérale qui me pousse depuis mon plus jeune âge, monsieur O. Je sens cette envie renaître au fond de moi. Le patinage de couple m'offre l'opportunité de monter dans un nouveau train, et il s'agit de ne pas rater la marche. Dès l'instant où nous commençons à nous entraîner ensemble, je déclare à Stéphane : « Si on y va, c'est pour aller loin, on vise les championnats du monde. » C'est un véritable engagement moral que je lui demande, nous dépendons l'un de l'autre, notre investissement va être énorme. Stéphane est d'accord. Le marathon commence : le matin, de 8 à 11 heures, je suis mes cours de première à l'Insep, à Vincennes. À 11 heures, maman vient me chercher et m'emmène à la patinoire, où l'on s'entraîne jusqu'à 18 heures. Le soir, je reviens exténuée chez moi, j'arrive à peine à ouvrir la porte. Je prends un bain, j'avale rapidement la soupe/poisson/légumes préparée par ma mère, et je m'écroule. C'est dur, mais je suis heureuse d'avoir retrouvé mon petit moteur intérieur. Stéphane me porte comme une plume, j'adore voler, on rit, on tombe, on progresse, je reprends confiance en moi, la vie est belle. Sur la glace, notre complicité fait des merveilles. Au club, les commentaires vont bon train sur nos potentielles futures médailles. Mais il y a encore du boulot avant les championnats du monde. Je suis super exigeante avec le pauvre Stéphane. Il est fort physiquement et techniquement, mais, en artistique, il a des manques. Sa posture n'est pas belle, je lui demande de travailler le haut du corps avec une prof de danse. Je ne le lâche pas. Il sait qu'il a ce problème, mais ça l'emmerde de faire de la danse classique. Il rechigne, puis cède. Il prend ses cours de danse. Lors des pauses, je le surprends à avaler des Curly. Comme il est un peu gras, je l'engueule. À la maison, j'ai pris très tôt l'habitude de me nourrir de façon diététique, pas lui. Il mange n'importe quoi. Avec ses Curly, il ne va pas tenir longtemps ses portés. Il accepte de se mettre au régime. Sous ses airs de macho, il m'écoute, car il a la même rage de réussir que moi. On s'entend très bien, notre complicité est naturelle, et notre travail intensif se déroule sans tension, sans problème d'humeur ou de caractère.

Votre ombre, monsieur O., se dissipe jusqu'à disparaître totalement de ma vie. Vous êtes toujours là pourtant, dans la patinoire, je vous croise dans les couloirs. Au début, j'ai encore la trouille, je crois, puis celle-ci s'estompe. J'écris « je crois », parce que je ne me souviens plus vraiment quand, ni comment j'ai oublié. Progressivement ? D'un seul coup ? En tout cas, j'ai oublié. Je vous vois, mais ni mon cerveau ni mon corps ne m'alertent plus. Je ne sursaute plus, je n'ai plus la nausée, je ne pense plus à ces choses dégoûtantes que j'ai subies. Je vous salue, comme si rien ne s'était jamais passé. Parce que, dans ma tête, il ne s'est rien passé. Quand votre fantôme reviendra subitement polluer ma vie, des années plus tard, j'essaierai de comprendre comment j'ai pu effacer cette horreur de ma mémoire. Je découvrirai que ce phénomène est reconnu par les psychiatres qui l'appellent « amnésie traumatique ». L'amnésie traumatique décrit une période pendant laquelle une personne n'a pas conscience des violences qu'elle a subies. Le souvenir, enfoui dans le cerveau, est inaccessible à cause d'une dissociation qui s'opère au moment du traumatisme. Muriel Salmona, psychiatre et présidente de l'association Mémoire traumatique et victimologie, explique sur son site que, « Pour se protéger de la terreur et du stress extrême générés par les violences, le cerveau disjoncte et déconnecte avec les circuits émotionnels et ceux de la mémoire. Et c'est chez les victimes de violences sexuelles dans l'enfance que l'on retrouve le plus d'amnésies traumatiques, leur cerveau étant beaucoup plus vulnérable » à ces situations. Les victimes peuvent « oublier » toute leur vie une scène, des actes. Moi, j'ai oublié pendant onze ans.

Cet été 1992, je suis capable de retourner au stage de La Roche-sur-Yon en toute sérénité. J'y vais, comme la Sarah d'avant y allait, mue simplement par l'obsession de devenir une championne. Vous m'affectez un box à l'étage des filles, sans que cela éveille le moindre mauvais souvenir. Stéphane, lui, s'installe à l'étage des garçons. On ne se quitte plus. Il a dix-huit ans, il est venu en voiture et la conduit tous les jours, même pour parcourir les trois minutes qui séparent le lycée de la patinoire. Je monte sur le siège à côté de lui, trop fière. Un soir, au lieu de franchir la grille du lycée, il arrête la voiture. Michael Jackson, qu'il adore, s'époumone. Il ouvre la portière, regarde le ciel et souffle : « Là-haut, peut-être que c'est écrit qu'on sera des grands champions. » Il est ému, et moi aussi. Je sens bien ce petit pincement au cœur quand je le retrouve le matin. Je sens aussi qu'il me manque quand on se quitte le soir. Je lui souffle : « Tu monteras me faire un au revoir avant de dormir ? » On se sépare sagement, chacun à son étage. Et quelques heures plus tard, alors que je suis dans mon lit, j'entends des pas furtifs, il passe la tête, c'est lui ! Il s'assoit sur mon lit. Là où vous vous êtes assis deux ans plus tôt. Mais à aucun moment cette scène ne se superpose avec celles que j'ai vécues avec vous. Je ne suis pas stressée, je n'ai pas peur d'être agressée, puisque j'ai oublié. Je vis l'instant avec la spontanéité et l'enthousiasme d'une jeune fille qui tombe amoureuse pour la première fois. Stéphane m'embrasse chastement dans le cou et sur la joue, me serre dans ses bras et repart. Je suis au ciel, je m'endors sur mon nuage. Le lendemain, je me sens toute bizarre, je flotte et je suis un peu gênée quand je le retrouve à l'entraînement. Que va devenir notre complicité sur la glace ? Il est tout sourires et déborde d'énergie. Et c'est lui qui, d'un coup, prend l'ascendant sur le déroulé de la séance : « Allez, Sarah, on va tenter le triple boucle lancé, on peut le réussir ! » Je veux faire plaisir à mon amoureux, je me défonce, je tombe à droite, je tombe à gauche, tant pis. Je le fais pour lui, et je finis par réussir le triple saut. J'ai dix-huit ans, je suis amoureuse, des ailes me poussent, la vie est belle. Avec Stéphane, je vais tout découvrir : premiers sauts, premiers baisers, premiers émois, premiers plaisirs… et c'est magnifique.

Il arrive fréquemment que de vrais couples se forment sur la glace. Beaucoup se marient et font des enfants. Et s'ils se séparent, ils restent sur la glace ensemble. Bizarrement, nous choisissons de cacher notre relation, par peur de tout mélanger. Enfin, cacher… Je crois qu'on est beaucoup plus transparents qu'on ne le pense. Toute la semaine, on reste dans notre bulle, on se réveille patin, on mange patin, on dort patin. Le soir, Stéphane rentre chez ses parents et moi chez les miens. Le vendredi soir, je suis contente car je sais que je vais chez lui, à Colombes, et y reste dormir. Ses parents m'accueillent toujours très bien, et moi qui adore les chiens, je suis servie : ils en ont trois. Stéphane dispose de tout le sous-sol pour lui, avec sa salle de muscu, son lit par terre, sa salle de bains. Ses parents ont installé pour moi un matelas dans une petite pièce séparée de la sienne par un muret. Je fais semblant de m'y glisser le soir. Le premier à découvrir notre secret est Philippe Candeloro. Un matin, il passe dire bonjour à Stéphane, en entrant comme à son habitude par la porte du garage, et nous découvre en train de dormir dans le même lit. Je me sens prise en faute, mais lui rigole. Il n'a pas l'air franchement surpris.

On a vingt ans. Un jour, Jean-Roland, notre entraîneur, s'approche de nous en mâchonnant son éternel cigare et nous glisse : « Vous êtes amoureux, tous les deux ? » Nous sommes ensemble depuis deux ans, mais nous réagissons comme des gosses pris en faute. Nous protestons faiblement : « Non ! » Il se marre : « Mais si ! Et il serait temps de le dire à vos parents ! Vous avez bien le droit ! C'est beau ! » Je n'ose pas l'annoncer. Comme si, dans ma vie dédiée au sport, je n'avais pas de place autorisée pour l'amour. C'est Jean-Roland qui s'en charge, un soir où il vient dîner à la maison. Mes parents n'ont pas l'air étonnés et n'y trouvent rien à redire, manifestement. Je suis soulagée. On a de la chance, il s'avère que nos familles s'entendent bien. Le samedi matin, elles se rejoignent dans les gradins, à commenter nos progrès, puis nous déjeunons tous ensemble au restaurant. J'adore ces moments de retrouvailles bienveillantes et chaleureuses. Comme je prends part avec bonheur chaque vendredi aux soirées de shabbat organisées dans ma famille ou chez Stéphane. Mon père est juif, ma mère catholique, mais je me suis toujours sentie juive. Cette communauté a un sens profond de la famille et de la solidarité, qui sont des valeurs essentielles à mes yeux. J'essaie de les transmettre à ma fille Stella.

Avec Stéphane, on a de bons copains chez les patineurs : Philippe Candeloro, bien sûr, qui patine toujours dans son club de Colombes, mais que nous retrouvons en stage équipe de France, ma grande amie Vanessa Gusmeroli, croisée lors d'un stage, Marina Anissina et Gwendal Peizerat, Sylvain Privé et Line Haddad, dont je suis très proche. On s'entraîne les uns à côté des autres, on s'encourage, on se vanne dans les vestiaires, on essaie de manger ensemble entre deux entraînements. Je les fais souvent rire avec mes blagues, mes grimaces et ma maladresse légendaire. Pour les galas de l'équipe de France, nous voyageons souvent tous dans le même bus de nuit. Vous aussi prenez le bus, monsieur O. Les filles sourient bêtement à vos remarques salaces : « Tiens, tu as pris des seins, toi ! », et à vos mains sur leurs fesses. Tout le monde sait que vous êtes un peu lourd, ce n'est pas nouveau, des générations de patineuses l'ont vécu avant elles, et personne n'a protesté avant. Alors, elles ne protestent pas non plus. Vous êtes le grand manitou intouchable, vous préparez ces tournées, réservez les hôtels, animez les soirées, micro à la main, patins aux pieds, toujours en costume. Vous adorez ça. Vous traînez souvent dans les vestiaires, aussi. Je n'y prête même pas attention. Stéphane et moi restons collés l'un à l'autre jour et nuit, et je me sens parfaitement bien ainsi.

Nous voyageons souvent pour les compétitions. Généralement, nos deux mères nous accompagnent. Elles bénéficient d'un statut officiel de « chaperons » et portent un badge. Quand elles viennent toutes les deux, elles partagent une chambre, à leurs frais. Très vite, ces compétitions se concluent pour nous par des podiums : la première année, nous arrivons deuxièmes aux championnats de France. L'année suivante, nous sommes premiers, et nous le resterons dix ans d'affilée. Pour ma première médaille d'or, mes parents et ceux de Stéphane m'offrent à Noël le plus beau cadeau dont je puisse rêver, celui que mon père m'avait promis si je devenais championne de France. J'ai ouvert tout doucement le paquet parce qu'ils m'ont dit : « Fais attention, ça casse. » La boule de poils a surgi. J'ai fondu, et mon histoire d'amour avec les chiens n'a jamais cessé depuis. Nos petits yorkshires nous ont accompagnés tout au long de notre carrière, dans les coulisses, mais aussi devant le public. Ils ont pris l'habitude de trottiner sur la glace et de participer à nos exhibitions de gala, ils le font encore aujourd'hui. Pour le public, Ben Hur, Cookie, Caïd et Princess Ice ont fini par faire partie intégrante du couple Abitbol-Bernadis.

Les podiums internationaux sont plus longs à conquérir, évidemment. Un jour de 1993, vous venez nous voir, monsieur O., alors que nous sommes en train de nous entraîner sur glace : « Le couple parti au championnat d'Europe a un problème, il ne peut pas patiner. Vous pouvez le remplacer si vous le voulez, ce serait bon pour vous. » On se regarde, un peu hésitants. Stéphane a justement des soucis de patins. Les siens, usés, sont devenus trop mous. Il en teste de nouveaux. Les patins neufs sont très durs, ils n'ont pas encore la bonne pliure, ne lui permettent pas de faire ses tours habituels et encore moins les portés, qui seraient trop dangereux. En outre, normalement, une compétition comme celle-ci se prépare sur place, pendant quatre ou cinq jours, histoire de prendre les marques de la nouvelle patinoire. Si on part maintenant, on arrivera seulement la veille, ce qui est très court ! « Alors, que fait-on ? », nous presse Jean-Roland. Nous décidons de nous lancer. Le seul fait de participer à cette grande compétition internationale est extraordinaire, la Fédération nous paie même les billets ! Nous débarquons *in extremis* à Helsinki. Nous croisons dans les vestiaires tous les champions que nous admirons habituellement à la télé. Nous sommes épatés, excités et très motivés. Avec la prétention de la jeunesse, nous nous répétons en rigolant : « On va créer la surprise et on va battre tout le monde. » Non seulement on ne bat pas tout le monde, mais on est battus par presque tout le monde : nous sommes quatorzièmes sur dix-huit ! Peu importe, nous sommes contents. Cette expédition à l'étranger nous donne encore plus d'appétit. Un jour, nous reviendrons. Pour gagner.

Effectivement, nous revenons aux championnats d'Europe, trois ans plus tard. Et nous allons y conquérir des médailles pendant sept années consécutives. En 1996, nous obtenons notre première victoire : médaille de bronze aux championnats d'Europe à Sofia. C'est historique, il n'y a pas eu de couple médaillé français à ce niveau depuis 1932 ! Mon père est comme un fou, il bondit des gradins et cherche à forcer le passage de la sécurité pour venir m'embrasser. Il s'époumone : « C'est ma fille, c'est ma fille ! Elle a gagné ! » Je n'ai pas gagné, puisqu'on est arrivés troisièmes. Mais, ainsi qu'il me le souffle, très ému, quand il réussit finalement à me prendre dans ses bras : « Cette médaille marque le début d'une grande carrière. » Il a raison.

La télé s'intéresse à nous. Depuis quelques années déjà, la Fédération joue sur notre image, nous surnomme « les fiancés de la glace », et notre petit couple séduit les journalistes. Mais, après cette victoire importante, la machine médiatique s'emballe. Nous sommes invités chez Ruquier, Ardisson, Sophie Davant… Nous nous plions de bonne grâce aux exercices demandés, même improbables. Arriver sur un plateau portée par Stéphane, faire patiner des personnalités devant un jury (le grand défi de la glace, Ice Show)... À cette époque, TF1 retransmet les compétitions à une heure de grande écoute. Les patineurs sont des figures populaires, les Français connaissent nos noms et nos visages. Quand l'équipe de France fait le tour de la ville sur le toit d'un bus, pour annoncer son arrivée, des gens courent derrière. Et quand je donne naissance à Stella, en 2011, plusieurs magazines people viennent nous interviewer... Aujourd'hui, cette « peopolisation » du patinage a disparu. Les compétitions sont moins retransmises, les aspérités des patineurs ont été gommées, je pense, et c'est dommage, car le grand public ne les identifie plus autant.

En 1998, nous participons à nos premiers jeux Olympiques. Dans la carrière d'un sportif, c'est la compétition la plus importante et la plus belle du monde. Nous arrivons à Nagano, au Japon, après douze heures de vol et huit heures de route dans un van pourri, que vous conduisez, monsieur O., en alternance avec Jean-Roland. Avec Stéphane, nous découvrons, émerveillés, l'organisation incroyable d'un village olympique. Le jour J, nous sommes, certes, tous les deux un peu malades à cause de la nourriture japonaise que nos estomacs ont manifestement du mal à assimiler, mais tellement émus d'être à ce rendez-vous mythique, dont rêvent tous les sportifs. Pour cette épreuve exceptionnelle, nous avons une botte secrète exceptionnelle : le triple axel lancé. Lors de ce saut, le patineur lance sa partenaire la tête en avant dans le vide, ce qui peut être fatal pour la patineuse si l'impulsion n'est pas parfaitement synchronisée entre les deux partenaires. Nous le tenons, ce saut. Après des semaines et des semaines à tomber sur mes renforts bourrés de coton, je le contrôle. Et je resterai d'ailleurs pendant des années la seule au monde à savoir l'exécuter. Le jour de l'épreuve, au moment où Stéphane me soulève de la glace pour enchaîner sur le fameux saut triple axel lancé, j'entends sa voix me glisser dans l'oreille : « Je t'aime. » Je ne suis pas habituée à ce type de déclaration. Stéphane n'est pas très expansif ni tendre au quotidien, j'en souffre d'ailleurs un peu. Pour tout dire, il n'a prononcé « Je t'aime » qu'une seule fois en quatre ans de vie commune. Ce deuxième « Je t'aime » me bouleverse, mais ne suffit pas à me faire réussir mon saut. Il lui manque un mètre pour être validé par les juges. Peu importe, nous finissons notre programme très émus sur la glace. Stéphane tombe à genoux face à moi, les deux mains jointes. Ce que nous partageons est tellement intense ! Nous ne sommes pas médaillés, mais nous avons vécu un moment magnifique. Et Philippe Candeloro gagne la médaille de bronze ! On pleure de joie avec lui. Seul le sport permet de vivre des instants aussi forts. C'est une chance inouïe d'emporter dans sa besace de tels souvenirs.

Après les compétitions, les patineurs se retrouvent traditionnellement dans des Skater Parties. Ce soir-là, la fête pour Philippe et Stéphane a dû être encore plus débridée que d'habitude. Depuis leur adolescence, ils ont pris l'habitude de partir en goguette ensemble, ce qui n'est pas toujours très facile à vivre pour la sage compagne que je suis. Combien de fois ai-je douté de sa fidélité en le voyant danser avec d'autres…

Nous continuons notre ascension dans les compétitions internationales : médaille d'argent au NHK Japon Nokia et au Skate America, médaille d'or au Grand Prix d'Allemagne et au Skate d'Israël, deux fois médaillés d'or au Trophée Lalique en France, qui est le plus important du circuit… Nous sommes devenus populaires, un cercle de fans nous suit dans nos déplacements. Cet amour du public vaut tout l'or du monde. Quand on l'a connu, on cherche à le retrouver sa vie durant. Tout paraît un peu fade à côté. Aujourd'hui encore, quand je fais un gala, je m'entraîne comme si c'étaient les jeux Olympiques, pour faire plaisir à ce public que j'aime tant. Quand le patron d'un centre commercial dans lequel se trouve une petite patinoire me dit : « Sarah, vous m'avez fait rêver, j'avais des frissons », j'ai gagné ma journée.

Nous connaissons les hauts et les bas que vivent tous les sportifs de haut niveau, avec quelques particularités liées à notre sport. Dans le patinage, le lobbying auprès des juges, pour ne pas dire la corruption, est à l'époque très présent. Les Russes, notamment, noyautent tout, en s'appuyant sur leurs pays satellites, Biélorussie, Ukraine, Azerbaïdjan… Ces petits arrangements nous coûtent une première place sur le podium aux championnats d'Europe de Vienne en février 2000. Ce jour-là, le couple russe commet deux erreurs, alors que nous ne faisons aucune faute, et pourtant, ils emportent la première place. Sur les neuf juges, cinq sont des satellites russes. C'est tellement énorme ! Les journalistes dénoncent le scandale, on entend même des profs russes crier à l'arnaque. Stéphane s'énerve, moi je pleure à chaudes larmes. Ne pas entendre *La Marseillaise* alors qu'on le mérite est très difficile psychologiquement. J'appelle mes parents, en sanglots : « Tu te rends compte ?! Ils ont fait deux erreurs et on arrive derrière ! » J'ai envie de tout arrêter. Mais la passion fait que le lendemain, on se lève avec l'envie de patiner, on y croit de nouveau, l'esprit de compétition fait le reste. Pendant sept années d'affilée, nous serons médaillés aux championnats d'Europe.

Et puis arrive le championnat du monde à Nice, en mars 2000. Il fait beau, les patineurs étrangers s'extasient sur la ville et la jolie baie. Surprise : l'organisation nous dote d'un garde du corps. Il y a eu des menaces, nous dit-on, notamment contre Gwendal Peizerat. Nous avons une grande chance de médaille, nous sommes donc potentiellement visés nous aussi. L'ambiance est bizarre, nous ne pouvons même pas nous promener tranquillement sur la plage en amoureux. À un moment, dans l'après-midi, je quitte l'hôtel pour aller à la pharmacie, avec mon petit chien. Le garde du corps me suit. Durant ce laps de temps, quelqu'un frappe à la porte de la chambre, Stéphane ouvre. Un couteau lui est planté dans le bras, l'agresseur s'enfuit. Quand je reviens, je dois écarter le monde agglutiné devant la porte de la chambre, et je le découvre sur le lit, en état de choc. Un soignant lui fait un pansement, la police est là. Stéphane pense déclarer forfait, mais toute la soirée j'essaie de le convaincre d'y aller : « On ne donnera pas raison à ces dingues qui ont voulu nous arrêter. Nous devons être plus forts qu'eux. Notre amour va nous porter. Viens, on y va, rien que pour le symbole, on se doit d'y être. » Le lendemain, son bras bandé est douloureux, il est livide, mais je l'ai convaincu. On y va. Quand on entre sur la glace, le public, qui a évidemment appris l'agression par les médias, se lève et nous ovationne. Pendant que nous patinons, je fixe le regard de Stéphane autant que possible, j'essaie de lui transmettre ma force, nous sommes en totale fusion et nous patinons merveilleusement. Il a trois portés à effectuer, il les réussit, en puisant dans son mental. Quand la chorégraphie s'arrête, que la pression relâche, il éclate en sanglots. Je n'ai jamais vu mon chéri dans cet état, j'en oublie le public, je l'embrasse. Les gens sont debout et frappent dans leurs mains. Ce moment, déjà inoubliable, le devient encore plus : les notes tombent, nous sommes médaillés de bronze ! Huit ans après notre pari fou, nous avons gagné, nous rejoignons l'élite mondiale ! Sur le podium, nous pleurons de joie. Nos familles sont autour de nous, le bonheur est total. Ces championnats ont été un des moments les plus forts de notre carrière. Ce jour-là, mon idole Katarina Witt vient me féliciter en personne. Je ne peux m'empêcher de repenser à la petite fille qui rêvait en la regardant patiner à la télévision.

Mon père m'appelle, ma mère est à côté de lui. Je suis sur un grand pont. Par terre, il y a des mains gravées, comme à Hollywood. Vous êtes là, debout, au milieu des inscriptions. À vos pieds, je vois un cœur sur lequel est inscrit « Sarah + G ». Vous me regardez et me demandez pardon, je veux sauter du pont.

Je me réveille.

5

Talons d'Achille

C'est bizarre, j'ai mal derrière la cheville, au tendon d'Achille. Je viens de faire un saut, et je sens une petite douleur insidieuse. Nous sommes le 28 janvier 2002. Avec Stéphane, nous répétons notre programme pour les jeux Olympiques de Salt Lake City. Nous visons une médaille, peut-être même l'or. On s'est préparés comme jamais, en écoutant la BO de *Rocky* à fond. On s'est entraînés en France, mais aussi aux États-Unis avec un chorégraphe russe, le meilleur du circuit, Nikolaï Morozov. Stéphane en a bavé, il a dû monter des marches en me tenant dans ses bras, porter des gros troncs d'arbre, enchaîner les pompes… Une préparation physique à la russe spécialement adaptée au couple ! Je suis à mon poids de forme – quarante-trois kilos – et Stéphane aussi. On est prêts, affûtés, gonflés à bloc.

Depuis deux semaines, on s'entraîne avec l'équipe de France dans un centre loué par la Fédération, à cinquante kilomètres de Salt Lake City, où auront lieu les Jeux. On s'habitue au décalage horaire. Le premier jour, on s'est juste dégourdi les muscles.

Hier, on a commencé à sauter… et, aujourd'hui, je sens cette petite douleur. J'ai beau mettre de la glace sur le tendon, ça me lance. J'en parle au médecin de l'équipe de France. Elle est homéopathe, pas du tout spécialisée dans le sport. Elle tâte ma cheville et me dit : « Il ne faut pas perdre de temps, les Jeux ouvrent dans trois jours, je peux te faire de la mésothérapie. » J'ai déjà subi des infiltrations dans le dos, deux ans plus tôt, lors du Trophée Lalique, et j'avais gagné la compétition. Je ne me méfie donc pas. Je ne lui demande pas quel produit elle injecte. Elle enfonce sa seringue à une douzaine d'endroits. Le liquide me brûle. Elle me conseille de me reposer vingt-quatre heures, ce que je fais. Quand je reviens sur la glace le lendemain, j'ai toujours un peu mal. Quand je pique la glace avec mon patin à la fin de mes sauts, j'ai une impression bizarre. Mais, dans un patin, comme dans une chaussure de ski, le pied est très soutenu, et les sensations atténuées. La musique du french cancan retentit, je vais effectuer le premier saut du programme, le double boucle piqué. Je pique avec mon pied gauche, quand soudain je sens comme un élastique qui pète. La douleur est instantanée, immense. Je hurle, je vois des étoiles et je m'écroule. Je suis allongée et ne peux plus bouger. Le médecin n'est pas là. Le kiné – ami de la fédération, lui aussi – arrive en courant. Il veut me déchausser, il délace le patin, mais pas jusqu'au bout, et tire. Je hurle de nouveau. C'est insoutenable, je manque de perdre conscience. On me transporte au vestiaire. Je comprends immédiatement que c'est grave. Je sanglote : « C'est fini, c'est fini. » Stéphane crie : « Tout ce travail ! C'est fini ! Ce n'est pas possible ! » Il me suit dans le vestiaire et, fou de colère, se met à tout casser, chaises et autre mobilier. Abandonner la veille de l'ouverture des jeux Olympiques, on peut difficilement faire pire dans une carrière de sportif. J'ai demandé qu'on appelle ma mère. Je m'effondre au téléphone : « Maman, je n'ai plus de tendon ! » Elle n'y croit pas : « C'est une entorse. » Mais non, je sens que le tendon forme maintenant une boule au niveau de mon mollet. On attend, c'est très long. Des sportifs viennent me réconforter. Leur chaleur me fait du bien. L'un des pontes de l'équipe s'approche, je crois que c'est pour me soutenir. Pas tout à fait. Il est certes désolé de ce qui m'arrive, mais il a surtout une demande à exprimer : « Des journalistes cherchent à te joindre. Dis-leur que tu as une entorse, ne leur annonce surtout pas ton retrait des JO avant demain. » Il m'explique qu'ils ont besoin du vote de la juge française. Si je déclare que j'abandonne dès aujourd'hui, elle sera écartée du jury. Si je ne le fais que demain, les jeux étant ouverts, elle restera. La présence de cette juge française est cruciale, me dit-il, car elle est censée faire gagner les Russes contre les Canadiens dans ma discipline « couple artistique », et en échange, les Lituaniens voteront pour le « couple danse » français, qui a de grandes chances d'obtenir la médaille d'or.

J'écoute mon interlocuteur sans même réagir. Je suis sonnée. Au bout d'une heure trente d'attente, une ambulance arrive enfin et m'emmène à l'hôpital. Sur le brancard, je répète en boucle : « Ce n'est pas possible ! » Une infirmière me tend un grand nounours en peluche marron, que je serre contre moi. Je l'ai gardé, il est encore à la maison aujourd'hui à Paris. L'IRM confirme la rupture du tendon d'Achille. « Voulez-vous être opérée ici ? », me demande-t-on. Non, je veux rentrer en France. Je sais qu'un professeur, à la Pitié-Salpêtrière, a opéré avec succès Ronaldo, le footballeur. C'est le meilleur, je le veux. Si je veux avoir une chance de refaire du sport, il faut opérer dans les quarante-huit heures pour que le tendon ne remonte pas encore plus haut.

Nous avons quatre heures de route pour atteindre l'aéroport, puis un vol de quatre heures, et un autre de huit heures environ. Salt Lake City, c'est l'autre bout du monde. Le sketch continue : la Fédération comprend que le porteur du drapeau français atterrit juste avant que je décolle. Ils veulent éviter à tout prix que l'on se croise et qu'on se parle. Du coup, ils me cachent avec mon brancard… dans les toilettes. Le temps de me faire une piqûre d'anticoagulant, et hop, le porte-drapeau est sorti de l'aéroport. Je suis trop sonnée pour protester. Mon téléphone sonne. Aux journalistes qui m'appellent, je balbutie, comme on me l'a demandé : « J'ai une entorse. »

Stéphane est avec moi dans l'avion. Pour la première fois de notre carrière sportive, nous sommes en business class, et l'hôtesse me demande si nous voulons du champagne. Du champagne ! Quelle ironie ! Nous sommes tellement tristes. On rumine ensemble. « Pourquoi ça nous arrive ? Pourquoi maintenant ? » Nous vivons un cauchemar.

Mes parents m'attendent à l'arrivée, avec mon chien. Je regarde aujourd'hui les photos de l'époque parues dans *Le Parisien* sous le titre : « Le rêve olympique brisé de Abitbol-Bernadis ». Je suis sur mon fauteuil roulant poussé par l'accompagnateur ; la jambe gauche tendue dans une attelle, ma mère est sur ma droite, elle vient de déposer Cookie sur mes genoux. Et vous, monsieur O., vous marchez sur ma gauche. Ostensiblement protecteur et bienveillant devant les journalistes qui nous attendent, vous me tenez la main.

À l'hôpital de la Salpêtrière, l'équipe du professeur Saillant m'accueille magnifiquement. J'apprends que le tendon sera un peu plus court une fois recousu, mais que je pourrai patiner de nouveau. Je demande si je vais récupérer à 100 % et le professeur répond : « 98 %. » Cette réponse ne me satisfait pas. Dans ma tête, j'exclus d'office ces 2 %. Une championne patine à 100 %. Et je suis une championne. À mon réveil de l'opération, j'aperçois mon canard en peluche apporté par ma mère, et Stéphane, qui dort par terre à côté de mon lit. Il restera là plusieurs jours. Il est formidable. Je ne reçois en revanche aucun appel de la part des membres de la Fédération. Je n'incarne plus une chance de médaille, je n'existe plus. L'équipe médicale me demande des précisions sur ce qui s'est passé. J'évoque les piqûres de mésothérapie. Ils sont très surpris : « Mais on ne fait pas de piqûres dans un tendon d'Achille, encore moins de corticoïdes ! » Ils me font comprendre que j'ai été victime d'une erreur médicale. Je devais avoir une tendinite. Sans piqûre, j'aurais eu mal, mais mon tendon n'aurait pas claqué, j'aurais pu faire les Jeux. En comprenant l'erreur, je suis encore plus abattue.

Plus tard, j'irai voir la Fédération en leur demandant que ce médecin, qui n'était donc pas un médecin du sport, n'accompagne plus l'équipe de France aux jeux Olympiques. Elle a été écartée un temps, j'ai appris qu'elle était revenue.

Au bout de dix jours, je quitte l'hôpital. Alors que nous habitons ensemble dans une petite maison à Paray-Vieille-Poste, près du centre d'entraînement de l'équipe de France, à Orly, nous nous installons chacun chez nos parents. Moi, dans l'appartement parisien près de la patinoire, Stéphane en banlieue. Cela peut paraître étonnant, à notre âge, mais la question ne se pose pas pour l'un comme pour l'autre : dans ce moment de grande fragilité, j'ai besoin d'être cocoonée par mes parents. Ma mère est aux petits soins, comme elle l'a toujours été. Je reste la plupart du temps allongée, avec Cookie, mon yorkshire, sur le ventre. Même quand l'infirmière effectue ses soins, il ne bouge pas. Il sent que je ne vais pas bien et me protège. Les chiens ont toujours été là pour moi.

Je regarde les JO à la télé en pleurant toutes les larmes de mon corps. Marina Anissina et Gwendal Peizerat remportent la médaille d'or, comme prévu. Lobbying ou pas, ils méritent cette victoire. Avec leur incroyable charisme, ils étaient les meilleurs. Le patinage français ne gagnera pas d'autre médaille aux Jeux, cette année-là. Un matin, je reçois un colis par la poste. J'ouvre le paquet et découvre deux béquilles bleu, blanc, rouge marquées : « JO Salt Lake City ». Je me demande qui a pu avoir l'idée de cette blague. Quel manque de tact ! Je n'utiliserai jamais ces béquilles, qui rejoindront la cave, tout comme le blouson, le bonnet, l'écharpe et toute la panoplie que nous avions reçue pour les jeux Olympiques. La Fédération, de son côté, ne se manifeste toujours pas. Ma carrière doit être terminée, à leurs yeux. Je ne dois plus être bonne qu'à faire des galas, et encore. Je refuse totalement cette idée. Je veux et je dois revenir au plus haut niveau. Dans ma tête, je calcule le compte à rebours. J'ai six mois d'arrêt. On est en février, je peux essayer de reprendre les entraînements à partir du mois d'août. Les championnats de France commencent six mois plus tard, en décembre, ceux d'Europe sont programmés en février l'année suivante. Le pari est un peu dingue, mais je vais tout faire pour le tenir. J'ai été une battante toute ma vie, je ne me laisserai pas vaincre par ce tendon d'Achille ! Je n'ai jamais arrêté le sport depuis l'âge de cinq ans, ce n'est pas maintenant que je vais commencer. Alors je reprends sans attendre l'entraînement. Tous les matins, je fais mes abdominaux, avec ma jambe dans le plâtre. J'ai envie de patiner.

Voilà quinze jours que je suis revenue de l'hôpital. J'ai le droit de sortir de chez moi avec mes béquilles, mais c'est bizarre, je n'y arrive pas. J'ai peur. Je ne sais pas pourquoi. Je ressens confusément une alerte. Quelque chose m'angoisse, là, au fond de moi. Cette peur de sortir ne me ressemble pas, je me trouve ridicule de rester enfermée ainsi. Je me raisonne, je me dis que c'est un contrecoup. Je ne sais pas encore que cette peur signe l'émergence d'un passé que j'ai occulté, qu'elle n'est qu'un des prémices du raz-de-marée à venir. Je n'ose en parler à ma mère. J'appelle à la rescousse ma podologue et amie Marie-Laurence, qui accourt : « Ne t'inquiète pas, Sarah, on va y aller tranquillement. » Le lendemain, je mets mon blouson, je prends mes cannes, et on descend dans la rue. Je marche quinze mètres, je n'arrive pas à faire plus. Trop oppressée. Mais c'est déjà ça ! Je remonte soulagée en pensant que la peur est passée. Hélas, non. Le lendemain, elle est là. Dès qu'il s'agit de sortir seule, je suis tétanisée. Chaque jour, je trouve des prétextes pour rester à la maison. J'appelle de nouveau Marie-Laurence à l'aide. On fait le tour du quartier ensemble. Je vois que la peur est toujours là. Elle persistera des semaines, des mois, des années. Elle ne m'a plus jamais quittée depuis.

Lorsque je retourne à l'hôpital, deux mois plus tard, pour me faire retirer le plâtre, Stéphane m'accompagne. Le médecin découpe l'enveloppe, et je découvre, effarée, un mollet tout maigre. J'ai envie de pleurer. Je regarde Stéphane, il a les yeux rouges, lui aussi. Ce mollet de moineau pourra-t-il réussir un jour un triple axel lancé ? Nous avons du mal à y croire. L'équipe médicale tente de nous rassurer et me propose de m'envoyer dans un centre de rééducation spécialisé, à Capbreton, où tous les grands sportifs se font soigner, paraît-il. C'est là que ma rééducation sera la plus efficace, m'assurent-ils. Je devrais accepter, mais cette proposition m'angoisse terriblement. Je comprends qu'en fait j'ai peur de dormir hors de chez moi, dans un endroit que je ne connais pas. Décidément ! C'est d'autant plus irrationnel que j'ai passé des paquets de nuits dehors depuis que je suis toute petite, pour les compétitions et les stages ! Je ne me comprends pas moi-même. Contre toute logique, je décide de rester à Paris. Mes parents respectent mon choix, mais ils sont du coup obligés de m'emmener presque chaque jour chez un kiné à Vincennes, conseillé par le rhumatologue de la Fédération. La rééducation est très dure, je découvre qu'elle est réputée pour être une des plus longues et douloureuses. Je gagne peu à peu en flexibilité, les orteils d'abord, le pied, la cheville... J'ai une telle rage de vaincre. Avec Stéphane, je retourne à la patinoire. Je surmonte ma peur de sortir, parce qu'il vient me chercher chez moi, m'emmène en voiture dans cette patinoire où je m'entraîne depuis que j'ai douze ans. Pendant les premiers mois de rééducation, je n'ai pas le droit de poser le pied gauche. Pour les portés, je prends appui sur ma jambe droite. C'est évidemment risqué. Si j'atterris une seule fois sur le pied gauche, je fiche ma rééducation en l'air, peut-être même toutes mes chances de patiner. Et puis arrive ce jour où je peux enfin poser le pied gauche. Stéphane me filme. Notre entraîneur russe est sur la glace, lui aussi, il coache un autre couple. Il nous regarde à peine et ne nous adresse pas même un mot d'encouragement. « Sarouchka », ainsi qu'il m'appelait à l'époque où je comptais à ses yeux, n'existe apparemment plus pour lui. Cette indifférence me choque, mais ne m'abat pas. Je lui prouverai qu'il se trompe. Je vais revenir au meilleur niveau. Je pose un pied sur la glace. Puis le second. Je glisse tout doucement en restant sur la jambe droite, on tente des petits portés au sol. Je ne ressens pas de douleur, ma cheville tient. Il me faudra quand même quelques mois et une bonne dose de sophrologie pour refaire ce fichu boucle piqué sans penser au claquage de mon tendon. Ma rééducation a été très réussie, je peux être contente. Je le suis, en effet, mais je ressens toujours comme une boule de tristesse au fond de moi. Quelque chose cloche, je ne sais pas… Je n'en parle toujours pas à Stéphane, ni à mes parents. Pour leur dire quoi ?

Je me concentre sur le championnat de France, qui se déroule en décembre. Nous avons mis au point un nouveau programme court, sur l'air de *La Strada*, et nous avons gardé notre programme libre fétiche, *La Famille Addams*. Nous n'avons pas eu le temps d'en monter un autre. Normalement, six mois avant la compétition, les patineurs travaillent dix heures par jour. Moi, je m'écroule au bout de deux.

Le jour de la compétition, juste avant d'entrer sur la glace, Stéphane et moi échangeons un long regard. Le moment est fort. Nous sommes émus, heureux de retrouver cette adrénaline qui nous est si chère. Ce que nous visons est presque impossible. Personne ne croit à notre retour, sauf nous. Nous nous élançons. « Mesdames et Messieurs, Sarah Abitbol et Stéphane Bernadis. » Nous commençons notre programme. Zut, je fais une erreur sur le triple boucle piqué, mais le triple salchow passe, le triple lutz aussi… Pour avoir une chance d'être champions de France, nous devons réussir encore un dernier triple saut. Nous optons avec Stéphane pour un triple salchow lancé, sans même l'accord de notre entraîneur Stanislav Leonovitch, qui nous avait suggéré le double. C'est un nouveau saut pour moi. Avec un départ pied gauche, le pied malade. Je me lance, et il passe ! Nous sommes satisfaits de notre prestation. Et nous avons raison. Les notes tombent : nous sommes champions de France ! Sur le podium, nous pleurons notre joie. Six mois après la rupture du tendon d'Achille, et en n'ayant patiné que deux heures par jour, nous sommes revenus au plus haut niveau national ! Déjà, nous avons en tête l'étape suivante : le championnat d'Europe, en février.

Pendant les mois qui suivent, nous nous entraînons avec acharnement. Je n'ai pas le temps de me pencher sur cette angoisse toujours tapie au fond de moi. Je suis portée par l'enjeu. Mon tendon gauche étant dorénavant plus court et plus épais que l'autre, je ne peux plus courir. Le kiné me fait beaucoup de massages « mtp » (transversal profond), douloureux mais efficaces, et me montre des étirements spécifiques. Je ressens quelques douleurs à la malléole interne, je fais confectionner des semelles spéciales pour pouvoir m'entraîner un minimum. La préparation est très restreinte, mais il faut y croire, toutes ces années d'entraînement sont encore dans nos jambes. Le jour de la compétition, les sauts et les portés passent. Je réussis le fameux triple salchow, au combiné difficile, avec une amplitude extraordinaire. Pendant que je patine, une émotion particulière m'envahit. Quand nous saluons, je suis au bord des larmes… J'ai cette impression étrange que c'est la fin de ma carrière, que tout va s'effondrer derrière. Comme si nous patinions pour la dernière fois. On attend les résultats, les caméras sont braquées sur nous. On aimerait bien être troisièmes, ce serait déjà extraordinaire. On est deuxièmes, vice-champions d'Europe ! Stéphane et moi tombons dans les bras l'un de l'autre. C'est une de nos plus belles victoires. Je revois tout dans ma tête, l'accident, la rééducation, les entraînements où j'allais en boitant... quelle revanche sportive ! Didier Gailhaguet, le président de la Fédération, organise un pot d'honneur, nous félicite et ose cette phrase : « Je le savais ! » Tiens, il avait un peu oublié de nous le dire, pendant ces longs mois de silence.

Les jours passent. Je devrais flotter sur un petit nuage, mais, étrangement, je me traîne. Je ne trouve pas la motivation pour préparer l'échéance suivante, les championnats du monde à Washington. Je ne peux pas m'entraîner plus de deux heures à cause de ma douleur à la malléole interne gauche. Mon entraîneur s'inquiète. J'ai du mal à me lever pour les entraînements, ce qui ne me ressemble guère. Mon triple axel ne passe plus. Mon esprit est absent sur la glace, comme détaché du corps. Mon moteur semble coupé, comme lorsque j'hésitais à tout arrêter, à dix-sept ans, avant de commencer le couple. Je comprends que, au fond, j'aimerais abandonner les compétitions, déclarer à l'Agence France-Presse que je passe en professionnelle, et ne plus faire que des galas. J'en parle à Stéphane, qui s'étrangle : « Tu veux arrêter alors qu'on peut devenir champions du monde ? » Je lui propose alors qu'on fasse appel à Jean-Christophe Simond, le coach que j'ai tant adoré quand j'étais plus jeune, et qui est parti à Nice. « Lui seul pourra me rassurer. » Il n'est pas bon de changer d'entraîneur juste avant un championnat, cela donne un mauvais signal aux juges. En outre, Jean-Christophe ne coache pas de couples, normalement. Stéphane sait tout cela, il est perplexe : « On est vice-champions d'Europe, ton pied va bien, on est en pleine ascension, pourquoi as-tu besoin de soutien moral ? » Je suis bien incapable de lui répondre, je ne le sais pas moi-même. Jean-Christophe accepte notre requête, nous multiplions les allers-retours à Nice. Sa présence bienveillante m'aide beaucoup, mais ne suffit pas à stopper ma dégringolade. Ma tête est sans cesse envahie par des flashs de mon enfance. Je ne comprends pas ce qui m'arrive, je revois des séquences de ma vie de petite fille à Nantes, quand je m'entraînais avec ma première prof. Ces images m'encombrent et m'empêchent de me concentrer sur glace. En plus, j'ai mal. Pas seulement au pied, partout. Mon corps entier est douloureux. C'est étrange.

En mars 2003, nous nous installons à Washington, quelques jours avant la compétition. Je suis très nerveuse. Mes parents ont prévu de nous rejoindre, avant de rendre visite à la famille, à Miami. Je suis tracassée à l'idée de les décevoir, mais leur présence ne suffit pas à me remotiver. Je me sens mal, je saute même des entraînements officiels, ce qui ne se fait pas. Stéphane est inquiet.

C'est le jour J. Lors de notre programme court, je commets une grosse erreur, et nous terminons sixièmes. On peut encore se rattraper avec le programme libre, mais, sur le deuxième saut lancé, ma cheville bloque. J'hésite, j'ai peur de continuer, je m'arrête soudain au milieu de la piste. Sous le regard stupéfait de Stéphane et du public, je me dirige vers le bord de la patinoire et je souffle à mon entraîneur : « Je ne peux pas continuer. » Je suis en crise de panique complète, je ne contrôle rien. Nous allons ensemble voir le juge-arbitre, qui me propose de reprendre le programme depuis le début, pour qu'on ne soit pas disqualifiés. Je décide de le faire, pour Stéphane. Mais l'esprit n'y est pas. On boucle le programme comme on peut. Je sors de la piste en pleurs, Stéphane est consterné. Nos notes tombent : nous arrivons douzièmes. Je suis presque soulagée. C'est fini, je suis débarrassée de la compétition.

Quelques heures plus tard, nous annonçons aux journalistes que nous arrêtons notre carrière amateur et que nous passons professionnels. Nous allons dorénavant faire des galas à travers le monde. J'ai toujours adoré les galas, notamment pour la liberté artistique qu'ils nous donnent quant au choix des musiques, des costumes et des chorégraphies.

Et, de fait, nous enchaînons les galas toute l'année qui suit. Nous patinons sur « Je suis malade », chanté par Lara Fabian. J'ai réussi à convaincre Stéphane de monter notre numéro dessus, non sans mal. Il trouvait le morceau un peu vieillot. Je n'ai jamais patiné avec plus d'émotion que sur cette musique. Le public ne s'y trompe d'ailleurs pas. Dans toutes les villes où l'on se produit (une bonne cinquantaine), les gens se lèvent et nous ovationnent longuement. Ils pensent que la chanson a été choisie à cause de ma blessure aux jeux Olympiques. Ils n'imaginent pas que l'écho créé par cette chanson est plus profond. Moi, je le sens. Je suis malade, oui. Mon corps et mon regard le clamaient avant même que mon esprit le sache. Quand je me revois en vidéo, j'en suis toujours bouleversée.

À cette époque, le manager de *Holiday on Ice* nous propose les deux rôles principaux d'une tournée intitulée « Diamants diamants », qui durera neuf mois. Je rêve depuis l'enfance de participer à une tournée de *Holiday on Ice*. C'est une consécration professionnelle. Tenir le rôle d'un couple amoureux est un peu délicat, en revanche, car Stéphane et moi avons peu de temps auparavant décidé de mettre fin à notre relation. Une fois sortis du rythme très soutenu des compétitions, la question de notre couple s'est vite posée. La glace envahissait notre vie depuis dix ans. Nous ne savions plus très bien où nous en étions. J'avais envie de construire et d'avancer, Stéphane, lui, ne voulait ni mariage ni enfant. Nous avons décidé, après quelques semaines de réflexion, de rester simples partenaires de glace. L'exercice du couple, dans la vie comme sur les patins, n'est pas facile. Nous sommes séparés, mais restons très proches l'un de l'autre. Nous le sommes d'ailleurs toujours aujourd'hui. Ce qui nous lie est très fort, ce que nous avons vécu est irremplaçable.

Quand la tournée *Holiday on Ice* commence, en septembre 2004, en Allemagne, personne dans la troupe n'est encore au courant de notre séparation. Nous essayons de partager le même camping-car, mais la cohabitation s'avère trop compliquée. Nous choisissons de voyager chacun avec un autre artiste. Étant donné la situation, c'est plus sain. De mon côté, je ne vais pas bien. Je n'ai jamais été aussi mince – je tiens dans des tuniques taille douze ans –, je fais souvent des malaises, je titube de fatigue sur la glace. Ma colocataire Émilie, devenue une amie précieuse, essaie de me forcer à manger, en vain. Ma mère vient me soutenir quelques jours, avec les deux chiens. Mon père a fait l'aller-retour en voiture pour l'accompagner. Elle veut me faire faire un peu de tourisme en journée, pour me changer les idées, mais depuis ma rupture du tendon d'Achille, je suis toujours pétrifiée à l'idée de sortir dans des lieux inconnus. Je reste enfermée dans mon camping-car jusqu'au spectacle du soir. Des idées de suicide commencent à m'envahir. À quoi bon continuer si c'est pour être si malheureuse ? Le seul moment où j'ai l'impression de pouvoir respirer, c'est quand je suis sur la glace. Olivier aussi vient me réconforter. Je l'ai rencontré à l'Insep juste avant de partir en tournée. C'est un champion de ping-pong de trente-quatre ans. Il est doux, attentionné, sensible, un vrai prince charmant ! Avec ses cheveux frisés, je trouve qu'il ressemble à Patrick Bruel, dont je suis fan... et que j'avais rencontré après les jeux Olympiques, d'ailleurs. Il m'avait dit alors qu'il était très ému et que ma blessure l'avait beaucoup touché.

Olivier est respectueux et prend le temps de m'apprivoiser. Je n'ai pas connu d'autre amour que Stéphane, je suis un peu timorée. Avant de repartir en France, il me laisse un petit carnet. « Quand tu ne te sens pas bien, ouvre-le et lis ce que je t'ai écrit, tu te sentiras mieux. » Il croit que je suis triste à cause de ma rupture récente avec Stéphane. Il est très jaloux de lui et souffre de me voir dans ses bras chaque soir pendant le spectacle. Moi, je sens bien que mon mal-être ne vient pas de là. Il est plus profond. Je suis dans une spirale que je ne contrôle plus. Je ne tiens plus sur mes jambes. Avec mes malaises vagaux à répétition, patiner devient dangereux. Début novembre, après deux mois de tournée en Allemagne, je suis obligée d'arrêter. C'est une catastrophe pour la troupe, dont je suis la tête d'affiche. Et pour Stéphane, qui va être obligé de patiner avec une championne allemande qu'il ne connaît pas, sur une nouvelle chorégraphie. Je ne suis malheureusement pas capable de prendre un avion ou un train seule. Gentiment, Stéphane me ramène à Paris.

Les jours qui suivent, je me cloître dans mon appartement, avec mes parents et mes petits chiens, qui me réconfortent. Quitter mon refuge m'angoisse terriblement, marcher jusqu'à la boulangerie du bout de la rue me demande un effort surhumain. Cette peur de sortir, toujours. Je prends rendez-vous chez une psychologue, à l'Insep, cours de Vincennes. Ma mère m'y emmène en voiture. Je suis immédiatement en confiance avec cette grande femme brune, fine, douce et empathique, qui va m'accompagner longtemps. Lors de nos séances, je pleure sans discontinuer, j'attribue mon mal-être à la séparation d'avec Stéphane et à l'angoisse de la fin de carrière. Dans le milieu, on appelle cette période la « petite mort », parce qu'il s'agit de faire le deuil d'une partie de notre vie entièrement vouée au sport. Je ne cerne pas encore la véritable raison de mon mal-être, qui ne remonte toujours pas à ma conscience. Les semaines passent. La psy s'inquiète de mon état : « Sarah, si vous n'allez pas mieux, je vais devoir vous hospitaliser », finit-elle par me dire. Je refuse d'être internée. L'idée m'effleure plus d'une fois d'en finir en avalant des cachets. Je rêve d'une baguette magique qui me rendrait à moi-même. Celle-ci porte un nom : antidépresseur. J'essaie le Prozac, qui ne me réussit pas. Après quelques semaines de yoyo atroce, je trouve le médicament et la dose qui me permettent de respirer un peu mieux : Seroplex, 30 mg. Avec un comprimé de Lexomil, quand l'angoisse reste trop forte. Je n'ai jamais cessé d'en prendre depuis, à des doses variables. J'ai tenté plusieurs fois d'arrêter, mais l'angoisse revenait toujours, insupportable. Ce livre et cette prise de parole m'aideront, je l'espère ardemment, à me délivrer enfin de cette servitude.

J'ai stoppé *Holiday on Ice* en Allemagne, mais j'espère reprendre la tournée à Paris en février. En attendant, j'essaie de me ressourcer. Je vois beaucoup Olivier. On va au cinéma, on discute longuement, et je tombe peu à peu amoureuse. Il a un joli studio blanc, propre, très mignon, à Saint-Mandé. J'y installe quelques affaires, il voudrait qu'on habite ensemble. Il ne comprend pas pourquoi je suis aussi négative. « Tu es jolie, au sommet de ta carrière, entourée d'amour, le public se lève pour scander ton nom à tes spectacles, pourquoi es-tu si triste ? », me demande-t-il souvent. « Je vois que tu es joyeuse et, tout à coup, tu bascules. Quelque chose te bloque et t'empêche de vivre », dit-il aussi.

Un soir, alors qu'on est l'un contre l'autre sous la couette, il me lâche : « Sarah, il s'est passé quelque chose de grave dans ton enfance, je le sens. Je peux tout entendre. Dis-moi. » Je suis pétrifiée, incapable de répondre, comme aspirée dans un grand vide. Il insiste. Je me recroqueville comme un fœtus dans le lit. Il pose la main sur mon épaule : « Il faut que ça sorte, Sarah. » Une première image me revient soudain : vous êtes assis sur mon lit, vous vous penchez sur moi et vous me dites : « Tu ne trouves pas bizarre que je sois là, assis sur ton lit ? »… Puis ce sont d'autres souvenirs horribles qui ressurgissent… La Roche-sur-Yon… Je murmure : « C'était mon entraîneur, je venais d'avoir quinze ans. » Et je cours vomir dans les toilettes.

Je suis dans une maison avec un jardin. Vous êtes là. Ma mère me dit : « Ça y est, c'est sorti en une d'un magazine people, tout le monde va le savoir, on n'a pas pu garder le secret. » Je lui demande : « Mais qui a pu savoir ? » Elle me répond : « C'est à cause des blocs de glace qui sont dehors pour ta patinoire mobile, ils ont dû voir les blocs dehors. » Je suis perdue, je ne comprends plus rien. L'ordure est là, et il écoute en silence.

Je me réveille.

6

« Maintenant, il faut parler »

Olivier le répète depuis des heures.

« Sarah, tu ne peux pas rester dans ce silence. Tu dois aller le dire à tes parents. »

Je suis épuisée. Je sanglote depuis des heures, mon ventre n'est que spasmes. Je lui ai raconté. Pas les détails, mais beaucoup quand même. Pas tout, car les souvenirs reviennent par bribes, ils mettront des semaines, des mois, des années à reformer le puzzle de ma mémoire. Ce n'est pas facile, pour un fiancé, d'entendre ce type de confession. Olivier a su écouter. « Parle, ça va te soulager. » Il m'a prise dans ses bras. Il a pleuré avec moi… et quand le jour s'est levé, il m'a dit : « Maintenant, il faut le dire à tes parents. Maintenant, il faut parler. » Je sens qu'il a raison, mais j'ai si peur. Que vont-ils penser ? Leur déception va être tellement énorme ! Mon père, qui me place plus haut que tout… Ma mère, qui m'a accompagnée avec un tel dévouement, jour après jour… Je ne serais jamais devenue championne sans leurs sacrifices. Je vais tout casser. Vont-ils continuer à m'aimer autant ?

Au petit matin, on quitte le studio, Olivier m'accompagne en voiture jusque chez moi, jusqu'à l'ascenseur. « Tu leur dis, Sarah ! », martèle-t-il. Il a peur que je me dérobe. Je monte, mes jambes flageolent, l'angoisse m'engloutit. J'entre. Maman est assise dans le canapé du salon, une tasse de café à la main. Elle lève la tête et reste interdite devant ma mine ravagée par la nuit blanche. « Que se passe-t-il, ma chérie ? » Je titube jusqu'à la table. Elle s'assoit à côté de moi : « Sarah, que se passe-t-il ? » Les mots ne sortent pas. Je sanglote. « Tu t'es disputée avec Olivier ? » Elle me presse le bras, aimante et impuissante. Derrière elle, je vois la vitrine dans laquelle nous gardons précieusement toutes les reliques de ma vie de patineuse : mes coupes, des plus modestes quand j'étais petite aux plus prestigieuses, mes premières chaussures, mes premières dents, des médailles offertes par les villes où j'ai patiné… Tout, dans ce salon, témoigne d'une vie familiale consacrée à ma passion. Des photos de moi trônent partout, sur les murs et sur les meubles. Seule ou avec Stéphane, immuablement souriante et conquérante dans mes tenues à paillettes, je pose et je brandis des médailles sur des podiums… Dans l'entrée, maman a même accroché une photo de moi avec Michel Drucker, lorsqu'il m'avait reçue à son émission « Vivement dimanche » après ma rupture du tendon d'Achille.

« Sarah, parle-moi ! » Maman s'inquiète. Elle n'imagine pas à quel point elle a raison de s'inquiéter. Elle ne sait pas que son petit monde, construit avec moi, autour de moi, va s'écrouler. Combien d'heures a-t-elle attendu pendant toutes ces années, à me regarder m'entraîner, frigorifiée, sur les bancs de la patinoire ? Combien de kilomètres a-t-elle parcourus pour m'accompagner aux compétitions, ou à effectuer les allers-retours entre l'école et la patinoire, la maison et la patinoire ? Combien de temps a-t-elle passé à imaginer mes costumes, choisir la bonne étoffe au Marché Saint-Pierre dans le 18e arrondissement, discuter avec la couturière, faire les essayages ? Combien de nuits blanches à calmer mes angoisses de championne, quand je la rejoignais dans le lit, avec quelques-unes de mes peluches ?

Elle va avoir tant de peine ! Elle croit vous connaître si bien, monsieur O. Vous n'êtes pas amis, mais vous vous êtes côtoyés quasi quotidiennement pendant toutes ces années. Votre femme de l'époque est même venue dormir chez nous une fois parce qu'elle ne voulait pas rester seule, quand vous étiez parti en tournée. Maman vous a si souvent dépanné, quand il y avait besoin d'un adulte pour encadrer, préparer un repas, servir de chauffeur, que ce soit à la patinoire, lors de stages ou de déplacements pour les compétitions. Elle vous a régulièrement invité à l'apéro, on a même passé quelques jours de vacances ensemble dans la fameuse maison avec piscine. Elle va être tellement choquée quand elle saura que, là aussi, alors qu'elle dormait juste à côté, au même étage, vous êtes entré dans ma chambre… Je suis sa petite fille chérie, à qui elle donne tout depuis vingt-sept ans, et je vais lui annoncer le pire. Comment me regardera-t-elle, après ? J'ai tellement honte. Je tremble de partout. Je hoquette : « Maman, Stéphane n'a pas été mon premier homme. Et Olivier veut absolument que je te le dise. » Le silence… « C'était à La Roche-sur-Yon. » Silence. « Monsieur O. est entré dans mon box. » Je pleure, incapable d'en dire plus. J'entends : « Qu'a-t-il fait ? Tu peux tout me dire, Sarah. » Silence. Elle a compris. « Ce n'est pas possible ! Ah, l'ordure ! » Elle me prend dans ses bras, elle s'effondre avec moi. Je crois que c'est la première fois de ma vie que je la vois pleurer. Elle répète : « On avait une confiance illimitée en lui ! Ah, l'ordure ! Comment c'est possible, je n'ai rien vu ! Comment c'est possible ? » Elle ne me pose pas plus de questions. Elle n'en posera jamais. Je pense que c'est au-dessus de ses forces de maman. C'est aussi au-dessus des miennes. Au bout d'un long moment, elle conclut : « Il faut le dire à papa. » Papa ? Je m'effondre un peu plus. Papa, je suis ses yeux, son cœur, sa princesse. Lui parler est encore plus difficile. Papa, son regard d'homme sur mon corps abusé… « Non, je ne peux pas. »

Je suis restée prostrée toute la journée dans ma chambre. Maman est allée l'annoncer elle-même à mon père. « Viens, Sarah. » J'entre dans le salon, je suis dans un état lamentable, je marche comme une condamnée vers la potence. Je regarde le sol. « Maman m'a dit… mais comment c'est possible ? » Lui, qui est si calme d'habitude, crie. « Mais comment on a pu ne pas voir ? Qu'est-ce qu'il t'a fait ? Quand ? Combien de fois ça s'est passé ? » Lui, me pose les questions. Je m'effondre sur une chaise, je cache ma tête dans mes bras. Je ne peux pas répondre. J'ai trop honte. Non, je ne peux pas. Papa insiste : « Sarah, dis-moi ! Qu'est-ce qu'il t'a fait, ce salaud ? » Je n'arrive pas à parler. J'entends : « Je vais le tuer ! » Je pleure, maman pleure. « On va aller le voir ! » hurle papa. Aller dans votre bureau, à la patinoire, avec mes parents ? Mais je n'en aurai jamais la force ! Je suis terrorisée. « Sarah, on peut aller porter plainte maintenant si tu le veux. » Porter plainte ? Raconter toutes ces dégueulasseries à des inconnus ? J'ai trop honte. Je ne veux pas. Mon père réfléchit tout haut. « Il y a prescription ! » Il vérifie sur son ordinateur. « Non, il n'y a pas prescription, tu peux porter plainte ! » Je ne sais même pas ce que prescription veut dire. J'apprendrai plus tard que le délai de prescription est le temps au-delà duquel l'auteur d'une infraction ne peut plus être poursuivi. Son étendue varie selon le type d'infraction et l'âge de la victime au moment des faits. Pour le viol d'un mineur, il était à l'époque de vingt ans, à partir de la majorité de la victime. J'ai vingt-sept ans, et donc jusqu'à trente-huit ans pour déposer plainte. Récemment, en 2018, ce délai a été prolongé à trente ans. En théorie, je peux donc porter plainte jusqu'à mes quarante-huit ans. Mais cette loi n'est pas rétroactive, elle ne me concerne pas. Je trouve que le viol sur mineur devrait être imprescriptible, comme l'est le crime contre l'humanité. Et comme c'est le cas dans d'autres pays. Beaucoup de victimes enfouissent dans leur mémoire les faits qui ont eu lieu quand elles étaient enfants. Les souvenirs mettent des années à remonter. Et encore faut-il ensuite avoir le courage d'en parler. J'ai vu moi-même combien le processus pouvait être long.

Mon père m'a emmenée au commissariat du 14e arrondissement. J'ai paraît-il rencontré le commissaire, que mon père connaissait, et j'ai été reçue ensuite par une policière de la brigade des mineurs, devant laquelle je suis restée, paraît-il, muette. J'écris « paraît-il », car je ne me souviens pas de ces deux face-à-face. C'est dingue, comme ma mémoire continue d'occulter certaines scènes. Je n'ai pas été capable de parler à l'époque.

Rétrospectivement, je regrette de ne pas avoir porté plainte. J'aurais dû. Mais j'étais trop dévastée. C'était en 2004, #MeToo n'était pas passé par là. Les gros scandales pédophiles n'avaient pas encore été médiatisés. J'avais trop honte, et surtout, je n'imaginais pas que vous ayez pu faire d'autres victimes, monsieur O. Je ne mesurais pas que ma plainte aurait pu en amener d'autres, et protéger d'autres potentielles futures victimes. Je n'avais qu'une obsession : cacher cette ignominie qui m'avait entachée.

À cette époque, je cherchais avant tout à me concentrer sur le patinage. En février, je suis censée reprendre la tournée d'*Holiday on Ice* qui, après trois mois en Allemagne, se poursuit en France. J'en suis la patineuse vedette, mes fans français m'attendent. Il est impensable de ne pas en être. Mon nom est annoncé en gros sur le programme ; à la télé, plusieurs fois par jour, une publicité promouvant la tournée nous met en avant, Stéphane et moi. Vais-je tenir le coup ? J'ai arrêté de patiner depuis deux mois. Notre programme avec Stéphane comporte des portés périlleux, où j'ai la tête en bas, et je tourne avec une vitesse centrifuge très forte. Je ne peux pas me permettre de tituber ou d'être étourdie, l'accident pourrait être fatal. Le producteur, sans doute inquiet, demande que je retourne à la patinoire m'entraîner pour reprendre mes marques. Je parle beaucoup avec Meriem, la psychologue qui me suit depuis quelques mois. Je suis dans un état second, bourrée d'antidépresseurs et d'anxiolytiques. Je dois bien expliquer la raison de mon état à Stéphane. Il réagit assez froidement à ce que je lui apprends et ne commente pas, comme si j'avais dit : « Je suis tombée, j'ai un peu mal. » Je pense qu'il n'a pas voulu, ou pas pu, envisager la gravité de ce que j'ai vécu. Il ne m'en a jamais reparlé. Lorsque, des années plus tard, en 2019, une enquête a révélé la pédophilie de Michael Jackson, son chanteur préféré, je lui ai demandé s'il avait regardé le documentaire à la télévision. Il m'a répondu : « Non, ça aurait cassé l'image que j'ai de lui. » Je lui ai dit qu'il avait tort de rester dans ce déni, et que j'en souffrais. Il n'a pas répondu. Stéphane, je crois, n'a pas envie de s'encombrer.

La tournée commence. Avant chaque exhibition, je suis très tendue et concentrée, je calcule le temps d'effet du Lexomil pour ne pas arriver trop shootée sur la glace, j'inhale de la menthe poivrée, ça me rassure. Stéphane martèle : « Respire à fond, Sarah, tout va bien se passer. » La magie de la glace fait le reste : quand la bande-son annonce mon nom et que la musique démarre, je m'élance, j'oublie tout, j'essaie de donner le meilleur. Pendant que nous patinons, Stéphane est attentif. Je sens son regard inquiet me scruter en permanence : « Ça va, Sarah ? » Oui, ça va. Nous n'avons pas d'accident pendant ces quatre mois de tournée. Notre exhibition sur *Zorro* rencontre un vrai succès. J'entends les fans scander notre nom. Ils se pressent après le spectacle pour les autographes, ce n'était pas encore la mode des selfies. Leur chaleur m'aide à sortir de ma torpeur.

Quand la tournée prend fin en juin, mon père décide d'appeler « l'ordure ». Parce que c'est avec ce mot-là qu'on vous désigne dorénavant à la maison, monsieur O. : l'ordure. Et aujourd'hui encore. Contre toute attente, vous acceptez de nous recevoir. Je suis terrorisée à l'idée de cette entrevue. Papa conduit, on n'échange pas un mot dans la voiture. Je ne l'ai jamais vu dans cet état de tension. On se gare et on traverse en silence le parking horrible, on longe le couloir, on arrive devant la porte de votre bureau. Vous nous attendez, debout. Cette fois, vous ne faites pas votre numéro de séduction habituel. Mon père engage la conversation : « Vous savez sans doute pourquoi on est là : Sarah nous a tout dit. » Vous répondez : « Je savais qu'un jour cette conversation aurait lieu. » C'est la première fois que je vous revois depuis que mes souvenirs sont remontés à ma conscience. Je garde la tête baissée, je n'ai pas la force de croiser votre regard, vous me terrorisez. Je me cache derrière mes parents, mon corps entier me brûle. J'ai vingt-sept ans, mais dans ma tête et dans ma chair, je suis une petite fille. Le ton monte : « Enfoiré, comment avez-vous pu faire ça ?! crie mon père. Elle avait quinze ans et vous presque trente-cinq ! Et à nous ? Avec notre amitié ? On avait une confiance totale en vous ! » Vous répondez doucement : « Je ne sais pas ce qui m'a pris, je vous demande pardon. » Pardon de m'avoir traquée et piégée pendant deux ans ? Dans les religions, ils disent qu'il faut savoir pardonner pour vivre bien. Mon père l'a vécu comme ça, je pense. Moi, je ne peux pas. Je me fais toute petite, je voudrais disparaître, je n'écoute pas vraiment ce qui se dit ensuite. Je m'évade, c'est trop violent pour moi. L'entretien dure très longtemps, au moins une heure. J'entends mon père conclure : « Sarah ne veut pas porter plainte, vous avez beaucoup de chance. » On sort de la patinoire, hébétés tous les trois. Ce face-à-face ne m'a servi à rien. Je repars comme une petite fille toujours honteuse. Je fuis. Je n'ai même pas pu vous dire les yeux dans les yeux : « Vous êtes une ordure. » Je m'en veux tellement.

Avec mes parents, nous ne reparlerons pas de cet entretien. Comme s'il avait clos le problème. J'ai su après coup qu'ils étaient retournés vous voir une deuxième fois. Mon père craignait que tout cela ne nuise à ma carrière. Je n'ai rien su de cette rencontre, à part votre conclusion, que ma mère m'a rapportée des années après : « Elle pourra demander ce qu'elle veut, elle aura tout. » J'aurai tout ? C'est quoi, tout, quand on a perdu l'essentiel, c'est-à-dire la dignité et le respect de soi ? C'est refermer le couvercle en croyant que la boue va rester dedans, continuer sa petite carrière en faisant semblant, et vous laisser continuer la vôtre impunément ?

Je suis à Miami, la ville où j'habite une partie de l'année, mais dans la cour d'une maison que je ne connais pas. Je suis assise à une table ronde. Vous arrivez, accompagné de votre ex-femme. Elle me regarde sans rien dire, avec ses longs cheveux châtains, ses yeux bleu-vert, et ses dents un peu en avant. Vous êtes derrière, tout vieux, voûté, malade. Vous avez une canne et vous boitez. Je sursaute : « Que faites-vous là ? » Vous vous asseyez à ma table. Et vous me dites : « Ne t'inquiète pas, je vais me soigner. » Je suis très mal à l'aise. Soudain, je me retrouve sur la glace avec des enfants, je distribue des mots aux enfants. Vous avez écrit un petit mot sur une étiquette blanche pour chacun. Mais j'ignore ce que vous avez écrit.

Je me réveille.

plus l'avion. Je partis avec mes engagements pro-
fessionnels, parmi lesquels certains spectacles, notamment
au Japon ; je me rendis aux autres exclusivement

7

Fuir et enfouir

J'ai cru que je pourrais organiser ma vie professionnelle en vous évitant, monsieur O. J'ai cru que je pourrais construire ma vie personnelle en vous ignorant.

Avec Olivier, nous nous sommes fiancés. Je me suis convertie au judaïsme. Pour moi, ça a été une évidence… La cérémonie a eu lieu à la synagogue libérale de Copernic. Quand je me suis plongée dans le mikvé, le bain rituel, j'ai eu la sensation que je devenais pure, que cette boue dont vous m'aviez couverte partait enfin. On parle mariage, je me prends à rêver d'une cérémonie « mazel tov », les chaises portant les mariés, tout ça. Mais notre relation au fil des mois n'évolue pas comme on l'imaginait. Mes peurs, celles de sortir, de l'enfermement, de la foule, grandissent et plombent de plus en plus mon quotidien. C'est insupportable pour mon entourage, d'autant moins compréhensible que ces phobies sont nouvelles et qu'elles me surprennent moi-même. Je ne supporte plus l'avion. Je jongle avec mes engagements professionnels, j'annule certains spectacles, notamment au Japon, je me rends aux autres exclusivement en voiture, demandant à ma mère ou à Stéphane de conduire, et faisant ouvrir la fenêtre toutes les quinze minutes… Je devais suivre Olivier en déplacement pour la dernière compétition de ping-pong de sa vie, j'annule. J'ai besoin qu'on me porte, je ne suis pas en mesure de vivre pleinement une vie de femme. Nous parlons des nuits entières de mon mal-être. Les scènes horribles me reviennent au fur et à mesure des semaines et des mois. Nos relations intimes se compliquent, il a peur de me faire du mal, je suis débordée par mes mauvais souvenirs qui me hantent… Olivier souhaite par ailleurs que j'arrête de patiner après le mariage, pour avoir un enfant. Renoncer à ce que j'aime le plus au monde, à la seule passion qui me fait tenir debout ? Je ne peux l'envisager. Nous nous disputons de plus en plus et nous séparons en 2006. Nous nous sommes très peu croisés depuis, mais nous avons gardé beaucoup de respect et de tendresse l'un pour l'autre. Je lui serai toujours reconnaissante d'avoir été celui qui m'a libérée du silence. Sa grande sensibilité lui a permis de deviner ma faille et de me faire sortir de l'amnésie. Je l'ai revu récemment, pour lui dire ma volonté de parler publiquement et à visage découvert. Une fois encore, sa réaction a été impeccable : « Fais-le, Sarah, il est temps d'en finir avec cette omerta. Parler te fera du bien, et tu rendras service à toutes les petites filles. C'est une vraie leçon de vie et de courage que tu vas donner à ta fille. » Merci, Olivier.

Je trace ma vie professionnelle de façon à vous éviter le plus possible, monsieur O. Et pourtant, pendant ces années, vous n'avez cessé d'être présent.

Je refuse un « gala de tous les champions », réunissant Surya Bonaly et Philippe Candeloro, parce qu'il a lieu dans votre patinoire. Lors des tournées « Les étoiles de la glace », avec l'équipe de France, je suis soulagée de voir que vous ne tenez plus le micro au spectacle, vous n'êtes plus dans le bus non plus, avec vos blagues salaces et vos mains baladeuses. J'ignore pourquoi vous êtes absent, je ne pose pas de questions, je suis juste soulagée. La logique aurait été que je devienne coach dans le club qui m'a vue grandir, le vôtre. C'est évidemment hors de question. Je décide de monter une troupe de spectacle d'hiver, que j'appelle *Rêves de glace*. Le principe est de patiner devant les mairies, sur une patinoire mobile. J'engage une douzaine de patineurs. On s'entraîne à Pailleron, dans le 19e arrondissement de Paris, pas chez vous. Patrick G., l'agent qui monte les spectacles, voudrait organiser les répétitions des shows dans votre patinoire. Je lui expose franchement que je ne souhaite pas travailler avec vous, ayant vécu certaines choses désagréables dont je ne veux pas parler. Il insiste. Je finis par lui expliquer précisément pourquoi ce n'est pas envisageable. Il semble choqué, mais pas étonné. Comme s'il savait déjà, lui aussi. Je ne cherche pas à creuser, je suis dans l'action, je veux aller de l'avant, pas me replonger dans cette boue.

J'ai repéré un garçon que j'aimerais bien faire entrer dans la troupe. Il s'appelle Jean-Louis, il a vingt-deux ans, il est champion de France junior. Il patine bien, ses portés sont sûrs, il est beau et athlétique. Vous l'avez régulièrement croisé, monsieur O. À cette époque, il s'entraîne dans votre patinoire, et sa partenaire a de gros problèmes de dos. On se voit de temps en temps, je lui montre parfois une technique de porté. Il est fan de Stéphane et de moi-même. Je ne m'en souviens pas, mais je lui ai dédicacé des programmes lors de galas de l'équipe de France, j'ai découvert plus tard qu'il les avait tous gardés chez lui. Il est touchant.

Je verrais bien ce Jean-Louis partager la vedette de mon spectacle avec ma patineuse Amélie. Il hésite, parce qu'il participe encore à des compétitions, sa mère voudrait qu'il continue. Il finit par accepter. On tourne pendant deux ans. Le spectacle cartonne, les gens font la queue devant les mairies. Jean-Louis, peu à peu, prend de l'importance dans la troupe. Il s'occupe du choix des musiques, m'aide à monter les dossiers, règle les problèmes d'Internet, de logistique et, *de facto*, devient le régisseur du spectacle. Nous sommes de plus en plus proches, fusionnels. Ma tournée, aux yeux de tous, est maintenant celle de « Jean-Louis et Sarah ». Amélie, sa partenaire de patinage, nous surnomme « les velcros ». Je suis seule, séparée d'Olivier depuis huit mois, mais je ne vois aucune ambiguïté dans cette relation de travail. Et puis, j'ai neuf ans de plus que lui. Il me faut plusieurs mois pour comprendre que nous sommes en train de tomber amoureux. J'ai besoin de temps pour envisager une relation avec un homme. Il le respecte. Il est tellement gentil et sain. Au début, il nous arrive même de dormir ensemble sans qu'il se passe quoi que ce soit. Stéphane, qui patine avec moi sur la tournée, l'aime beaucoup : « C'est un bon gars », approuve-t-il. Évidemment, je dois lui parler de mon histoire, je n'y arrive pas. Je demande à Meriem, la psychologue, de m'aider. Elle a noté la date, c'était le 8 mai 2008. C'est dans son cabinet que, ce jour-là, j'ai raconté les faits à Jean-Louis. Sans réussir, une fois encore, à prononcer *le* fameux mot, qui ne passe pas la barrière de mon cerveau, encore moins de mes lèvres. Jean-Louis a reçu l'information sans plus de réaction, sans me prendre dans ses bras, ni me souffler des paroles de consolation. Aussi froidement que Stéphane. Je sais que Jean-Louis est passé ensuite à Bercy pour vous voir, monsieur O. Juste pour croiser votre regard. Vous ne l'avez sans doute même pas remarqué. On n'a plus évoqué le sujet depuis. Maintenant, Jean-Louis sait. C'est bien, c'est fait, mais cela ne change rien à mon quotidien. On vit comme avant, comme si cette nouvelle information n'avait jamais existé. Mes peurs – de sortir, de voyager – sont toujours là, et on s'en arrange. Notre vie s'organise en fonction d'elles, comme si elles faisaient naturellement partie de moi, comme si je les avais toujours connues, comme si elles n'étaient le signe que d'elles-mêmes. Je finis par le croire moi-même. J'essaie régulièrement de stopper les antidépresseurs, tout au moins de les diminuer. Mais je les reprends toujours, puisque les angoisses reviennent immanquablement. Surtout quand je vous croise.

En 2009, *Holiday on Ice* prévoit des entraînements obligatoires dans votre patinoire. Je me suis organisée : Stéphane, compréhensif, m'attend à l'entrée pour que je ne traverse pas le parking souterrain toute seule, et ne repart jamais sans moi. Je ne vais pas seule aux toilettes, ni dans les vestiaires, je m'arrange toujours pour suivre le flux des patineuses. Ma grande amie Marie-Laurence m'accompagne souvent aussi, sa présence me rassure. Elle me colle jusque dans la cabine de musique normalement interdite au public. Pour les galas qui suivent, Jean-Louis recrute même un garde du corps. « Tu fais quoi avec ce gros bras ? », rigole Gwendal Peizerat. Je souris et je noie le poisson.

Quand je vous croise, je vous salue furtivement, je claque une bise, je fais semblant. Mais, chaque fois que mon regard croise le vôtre, mon corps sursaute et se met en alerte rouge. Vous connaissez cette sensation, lorsqu'un aliment vous a rendu malade, monsieur O. ? Votre corps s'en souvient et vos tripes aussi. Des années après, sa simple vue vous révulse. Voilà ce que votre seule présence provoque chez moi, monsieur O., la nausée.

La tournée d'*Holiday on Ice*, au printemps, nous m'oblige à nous déplacer deux fois par semaine, dans toute la France. Comme je ne peux pas prendre l'avion, Jean-Louis, bien qu'il ne fasse pas partie du gala, joue gentiment le chauffeur et combine ses rendez-vous professionnels autant que possible. En quatre mois, nous parcourons dix mille kilomètres. C'est toujours un gros effort pour moi de partir, mais je me sens protégée, aimée, portée. J'ai confiance en nous. Je garde un souvenir merveilleux de notre soirée de mariage au Chalet des Îles, l'été 2010. Il faisait chaud, nous étions une centaine, ma famille était là, même celle de Miami, et nos quelques amis du patinage aussi : Philippe Candeloro, Jean-Roland et mon entraîneur de toujours, Jean-Christophe… Stéphane était le témoin de Jean-Louis. Il y avait même des danseuses orientales parce que mon père adore ça. On a dansé jusque tard dans la nuit. Un moment magique.

L'hiver suivant, j'ambitionne de reprendre ma tournée *Rêves de glace*, non plus devant les mairies sur des patinoires mobiles, mais dans toutes les grosses patinoires de France. J'hésite, mon père me pousse, comme toujours : « Ça va être fabuleux, Sarah, il y aura la queue ! » J'appelle un producteur, qui travaille avec les comités d'entreprise. Il me demande des vidéos de ce qu'on fait. Je suis un peu tendue, car je sais qu'il est exigeant, il a refusé plusieurs projets autour de moi. Mais il est convaincu, et il signe pour deux spectacles en alternance : *Le Noël de Princesse Sarah*, destiné aux enfants, et *Music Hall*, plus grand public. Pour ces deux shows, j'engage vingt-cinq patineurs, un cracheur de feu, un chanteur, Fred'Angelo, qui devient mon meilleur ami, et bien sûr mon petit chien à la fin, qui vient patiner avec nous. Dessiner les costumes, présenter les spectacles au micro, patiner et faire danser les spectateurs, tout cela me rend très heureuse. La tournée est un gros succès, les gradins sont pleins. Quelques mois après le début, je tombe enceinte. Le Lido de Paris, où je patine, suspend mon contrat à cause de ma grossesse au bout de trois mois. Je continue *Rêves de glace*, jusqu'à mes cinq mois. Je me fais confectionner des tenues adaptées, qui cachent autant que possible mon ventre arrondi. En fin de porté, Stéphane me dépose sur la glace comme si j'étais un vase de cristal. Stella naît en 2011. Je reprends les galas trois mois après. J'ai dix kilos de trop, plus du tout le même équilibre, ni le même centre de gravité. Je vais vite m'en apercevoir : le premier jour sur glace, je fonce comme je le faisais avant, et paf, je me prends la barrière, je m'étale de tout mon long ! Je mets quelques jours à me réadapter. Ma mère et parfois ma belle-mère nous rejoignent les week-ends avec Stella. C'est dur de quitter ma fille si souvent. J'ai beaucoup pleuré lors des premières séparations. Depuis toute petite, elle nous regarde patiner, son père et moi. Stéphane s'étant gravement blessé à l'épaule, il ne peut plus me porter, et je patine dorénavant avec Jean-Louis. Très vite, Stella a été gagnée par notre passion. Nous avons même monté un spectacle tous les trois, que nous avons présenté dernièrement à Orlando. Tous les quatre, pardon, avec ma chienne Princess Ice qui déboule à la fin. Lors de ces moments où nous partageons notre passion, notre harmonie familiale est magique. Les Américains l'ont senti, je crois, ils ont adoré.

Un jour, j'ai enterré votre nom, monsieur O. *Rêves de glace* se produisait à La Roche-sur-Yon. Retourner patiner dans cette ville où vous m'avez violée la première fois, c'est un cauchemar pour moi. Mais je n'ai pas mon mot à dire, c'est le producteur qui choisit les lieux. Fred, le chanteur, est devenu un ami au fil de nos longues discussions dans le bus. Je lui ai parlé de vous. Devant ma panique, il me propose d'écrire votre nom sur un papier, de le brûler et de jeter les cendres dans un trou près d'un arbre. « Tu verras, après tu te sentiras mieux », m'assure-t-il. Nous l'avons fait. Je ne sais pas si c'est le papier brûlé ou sa gentillesse, en tout cas, j'ai pu patiner.

En trois ans, *Rêves de glace* a écumé toutes les patinoires de France. Il faudrait renouveler le spectacle, mais je n'ai plus trop d'idées. Jean-Louis a envie de développer d'autres projets plus personnels à Miami, où l'on va souvent voir ma famille. Je veux bien essayer de monter des cours aussi là-bas, mais on ne m'y connaît pas. Quand je lui annonce mon palmarès, la directrice de la première patinoire où je viens me présenter va même sur Internet vérifier que je ne suis pas mythomane ! Ici, je repars à zéro avec des patineuses débutantes, ce n'est pas très gratifiant, mais je m'accroche. Et puis, au moins, en Floride, je ne vous croise nulle part, monsieur O.

En France, vous êtes toujours incontournable. Quand je commence les répétitions de *Holiday on Ice*, en 2014, vous êtes là. J'ai bientôt quarante ans et je tremble comme si j'en avais quinze. Pour aller aux toilettes, j'attends toujours d'être accompagnée d'une patineuse. Cet *Holiday on Ice* a un goût spécial. J'y retrouve Stéphane, bien sûr, mais aussi Philippe Candeloro et Surya Bonaly. Je connais les garçons depuis si longtemps, nous sommes restés très liés pendant toutes ces années, nous sommes ravis et émus de patiner ensemble. Ces amitiés sont rares et belles. Nous n'avons plus la condition physique de nos vingt ans, Stéphane et Philippe sortent beaucoup en boîte de nuit et ne sont pas toujours frais le soir, mais le plaisir de glisser ensemble sur la glace est demeuré le même. On patine sur une musique spécialement écrite par Maxime Rodriguez : « Je me souviens de nous », qui retrace des moments forts de nos vies respectives. Chaque soir, le public se lève et nous acclame de longues minutes. On lui fait face tous les quatre, debout sur la glace. On savoure, on voudrait que ça dure toujours. Ces moments sont tellement forts et exceptionnels. Je ne peux, aujourd'hui encore, écouter « Je me souviens de nous » sans que ressurgisse cette extraordinaire émotion.

Un jour de 2016, je vous croise au restaurant. Mon père vient de se faire opérer, nous sortons de l'hôpital avec ma fille, ma mère et ma tante. Nous ne sommes pas loin de la patinoire, puisque nous habitons à côté, mais je connais vos habitudes, j'évite les lieux où je sais que vous pouvez aller. Ce jour-là, on entre, on s'installe, on commande. C'est alors que je vous vois. Vous êtes avec une patineuse, une professeure du club que je connais bien. « Maman, il est là ! » Ma mère tourne la tête, vous reconnaît et se raidit. Non seulement elle ne vous a jamais revu depuis la fameuse confrontation, mais elle contourne toujours le périmètre de la patinoire, dont elle ne supporte même plus l'existence. Vous nous apercevez, vous aussi. Au lieu de nous ignorer, vous vous levez et vous vous dirigez vers nous, avec la patineuse ! Vous êtes, comme toujours, habillé en chemise et pantalon de costume, avec votre teint livide. Je panique, je regarde ma mère qui n'a pas l'air mieux que moi. Pourquoi venez-vous vers nous ? Qu'avez-vous en tête ? Je suis avec ma fille, qui ne sait rien. Je la pousse derrière moi, dans un réflexe de protection dérisoire. Vous vous penchez vers maman pour l'embrasser, elle esquive, et vous laisse juste un furtif bout de main. Elle ne vous regarde pas. Vous vous tournez vers moi : « Bonjour, comment vas-tu ? Que fais-tu ici ? » Je bredouille que mon père est malade. Vous parlez de tout et de rien, très à l'aise. Mais quand vous me regardez, je lis dans votre regard que vous vous souvenez. Vous partez vous rasseoir tous les deux. Je tremble comme une feuille, nous sommes bouleversées, maman et moi. Ma tante ne comprend pas pourquoi nous voulons abréger le repas. Prétextant ne pas nous sentir très bien, nous quittons rapidement les lieux. Nous fuyons. Nous ne devrions pas fuir. Ce n'est pas à nous de fuir. Après coup, ma mère est furieuse : « Cette ordure se permet de venir me saluer ! Il devrait se cacher ! » Vous ne vous cachez pas.

Aujourd'hui, vous ne figurez plus officiellement dans l'organigramme du club. C'est votre frère qui a pris la relève. Sauf que, lorsque je viens, en mai 2019, vous êtes encore aux commandes, dans votre bureau. À cette époque, je dois organiser un stage d'été de deux semaines à Paris pour des petites élèves américaines. En tant qu'ancienne championne de votre club, j'ai des facilités pour réserver des créneaux dans votre patinoire. Sa proximité avec mon domicile est importante pour moi, mes blocages m'empêchant toujours d'être mobile. Je réserve les créneaux. Plus l'échéance approche, plus l'angoisse monte. J'hésite à annuler le stage au dernier moment, mais je n'ose pas décevoir mes élèves, qui se réjouissent tant. Nous commençons donc le stage. L'accès à la patinoire a été refait, on n'entre plus par le parking. Le bureau du patron est maintenant directement à l'entrée, sur la gauche. Et je vous vois dès que j'arrive. Seule différence avec autrefois : la porte de votre bureau reste toujours ouverte. Vous aurait-on intimé l'ordre de ne plus fermer votre porte, dorénavant ? Mais vous a-t-on aussi interdit le parking ? Votre voiture ? Les stages ? Tout contact avec les jeunes ? Je sais bien que, dans votre royaume, vous faites ce que bon vous semble. Je ne suis pas venue sans protection : mon amie Marie-Laurence, qui ne peut l'assurer elle-même, a prévu une personne de confiance qui campe en face de votre bureau et vous surveille discrètement. Pendant ces deux semaines, le stage se déroule bien avec les filles, que je garde sous mon aile sans interruption et que vous n'approcherez à aucun moment. Mais vous apercevoir là, chaque matin, en entrant, dans votre bureau à la porte ouverte, toujours maître en votre domaine, me rend malade. Un jour, en passant, je vous surprends avec un couple de parents et une jeune fille d'environ treize ans. Je ne peux m'empêcher de tendre l'oreille. Elle aimerait intégrer le club. Vous expliquez que c'est un grand club, qui a produit beaucoup de champions, dont les champions de France de couple actuels.

Je vous regarde dans ce bureau, je vois cette jeune fille naïve, ces parents qui placent tous leurs espoirs en vous, et je songe que ce stage est une ultime erreur de ma part. Je ne viendrai plus dans votre patinoire, tant que vous serez là, monsieur O. Début janvier 2020, vous teniez encore le micro pour présenter le grand show de la troupe du club. J'espère que ce sera le dernier. Bientôt, grâce à ma parole et à celle des autres, ce sont les agresseurs qui devront fuir, et non les victimes.

Je viens de signer un contrat avec Alexandra, la productrice d'un nouveau spectacle télévisé sur glace. Nous nous entraînons dans une patinoire que je ne connais pas, j'ai du mal à suivre la chorégraphie, comme si je la découvrais, comme si je ne savais plus patiner. Je n'y arrive pas. Je suis perdue. Vous êtes là, sur le bord, en costume, blanc comme un linge, droit comme une tige. Quand je passe devant vous, je vois vos yeux verts, vos cheveux lissés en arrière, votre teint livide, et je sens votre parfum, que je connais si bien, qui me donne la nausée. Vous avez l'âge de l'époque, entre trente et quarante ans. Je glisse, je fais semblant de ne pas vous voir. On prépare le grand opening, le premier numéro du show, je dois enfiler mon costume, me maquiller, mettre ma perruque... Ça y est, je suis prête, mais je ne suis plus sur glace, je me retrouve dans une rue. Devant moi glisse un grand lit blanc, qui ressemble à un cercueil, d'où pendent de longs morceaux de tissu. Des petites poupées marchent en cortège derrière et autour, comme à un enterrement. Je ne sais pas si elles poussent le lit, ou s'il avance tout seul. Elles portent des aubes blanches avec une croix comme des bonnes sœurs, mais avec des ceintures en or, comme des patineuses. Elles sont voilées, mais maquillées. Leur tenue ressemble à celle que j'avais pour *Le Noël de Princesse Sarah*. Alexandra la productrice vient vers moi et me dit : « La télé est là, il y a un direct, il faut que tu parles. » Elle veut que je raconte ce qui s'est passé quand j'avais quinze ans. Mais je ne veux pas que tout le monde sache ! Je refuse. « Ce n'était pas prévu comme ça, je ne veux pas parler à la télé, ce n'est pas dans le contrat. » J'entends le décompte : 10, 9, 8, 7, 6...

Je me réveille.

8
Rompre l'omerta

Comment vous empêcher de nuire, monsieur O. ? Mon silence me pèse. Je culpabilise. Régulièrement, je vous croise, et je dis à ma mère : « Ce n'est pas possible, l'ordure est encore en place ! Et s'il continue ses cochonneries ? Il faut le stopper. » Je ne veux pas faire appel à la justice, je ne me sens pas capable d'aller au front toute seule. Je suis encore emmurée. Et je n'ai pas confiance en la justice, car ce sera votre parole contre la mienne. Cependant, je veux vous empêcher de nuire. Je suis naïve. Je ne mesure pas encore l'étendue de la toile que vous avez tissée, ni le poids de l'omerta dans notre petit monde du patinage.

À qui parler ? Nous sommes en 2004, deux ans après la rupture de mon tendon d'Achille et la résurgence de mes souvenirs. Je pense à Stéphane C., qui préside la partie artistique du club. Je croise régulièrement ce quadragénaire dynamique et affable aux remises des médailles. Son poste est honorifique, puisque, concrètement, c'est vous qui dirigez le club. Mais il a du poids, néanmoins. Peut-être pourra-t-il faire pression pour vous écarter ? Je sais bien que c'est ma parole contre la vôtre. Je table sur les autres leviers qu'il pourrait peut-être utiliser : vous buvez, vous êtes violent... Stéphane C. est le cousin de mon oncle Julien, lequel est kiné et m'accompagne régulièrement sur les compétitions. Julien a été mis au courant de ce qui m'est arrivé, il est partant pour m'aider : « Je le connais bien. Si tu t'en sens capable, j'y vais avec toi. » Il vient me chercher en voiture, on se gare dans une petite rue près de Bastille. Stéphane C. nous fait asseoir sur des canapés, autour d'une table basse. Mon oncle attaque direct : « Stéphane, Sarah veut te parler d'un problème très grave qu'elle a eu avec monsieur O. » Et il insiste : « C'est très grave. » Je raconte. Stéphane C. n'a pas l'air très surpris, ni très choqué, en m'écoutant. Quand je me tais, sa réaction est immédiate : « Sans main courante et sans plainte, je ne peux rien faire. » J'espérais l'entendre me répondre : « Je vais t'aider, je vais mener mon enquête. » Je ressors, dépitée. Il aurait pu décider de protéger les potentielles victimes. Il a préféré protéger son club. Mon oncle est atterré. Stéphane C. m'a recontactée une fois. Pas pour savoir comment j'allais, mais pour me demander le numéro de portable de Philippe Candeloro. Je ne l'ai pas rappelé.

Je pense ensuite assez naturellement à Thierry L. Non seulement il est président de l'ensemble du club, mais c'est son père qui l'a fondé. Je l'ai croisé souvent, lui aussi, lors des remises des médailles, je sais qu'il m'aime bien. Je sais aussi qu'il ne cautionne pas vos méthodes violentes, votre alcoolisme notoire, il l'a exprimé à plusieurs reprises. Il a été un peu écarté de la gestion du club par votre petite bande, mais il en est toujours officiellement le président. Je l'appelle. Cette fois, je viens avec mes parents. Il nous fait entrer dans une salle de conférence, dans laquelle trône une grande table très longue. Il s'installe tout au bout de cette table, comme un président. Cheveux gris, yeux très clairs. Il porte un costume. Très classe. L'endroit est impressionnant, on se serre tous les trois, à l'autre bout de la table. Mon père commence : « Thierry, Sarah veut vous parler, elle a quelque chose de grave à vous dire. » Je raconte, mais sans prononcer *le* mot, comme toujours. Son visage se décompose : « Alors c'est vrai, tout ce qui se dit, toutes ces rumeurs ! » Je vois qu'il est sincèrement touché. Il a mal pour moi... et pour son club. De sa petite voix douce, il nous retrace l'histoire de la fondation de celui-ci. On écoute poliment, sans vraiment comprendre l'intérêt de ce cours d'histoire. Maman prend la parole pour expliquer que je ne vais pas bien. Elle décrit mes angoisses et mes blocages. Il soupire et conclut : « Le mieux, pour Sarah, serait qu'elle arrête tout et passe à autre chose. Elle se sentirait mieux. » Il ne parle pas d'agir directement contre vous, monsieur O. La solution est donc que moi, la victime, je m'efface ? Je devrais abandonner ma passion pour laisser l'ordure tranquille ? Je suis triste quand je sors. J'apprendrai plus tard que Thierry s'est retiré complètement du club, quelque temps après notre entrevue. Et que Laetitia était déjà venue le voir, elle aussi, quelques années plus tôt.

Laetitia, autour de laquelle bruissent tant de rumeurs. Elle a été votre élève très jeune, monsieur O.

Et le bruit a couru qu'elle avait parlé contre vous, qu'un dossier existait au ministère, vous auriez même été suspendu un temps. J'ai entendu ces rumeurs, de loin, au début des années 2000. Le plus fou, c'est que je n'y ai pas prêté attention, à l'époque ! J'étais dans ma période d'amnésie, plongée jusqu'au cou avec Stéphane dans ma quête de médailles. Ce petit bruit de fond lointain ne m'atteignait pas. Un jour, maman me reparle de cette rumeur. Je connais bien Laetitia, que j'ai côtoyée des années, mais je n'ose pas l'appeler directement. Je décide de contacter le ministre des Sports, qui est un ancien sportif de haut niveau. Je l'ai croisé plusieurs fois, lors de remises de médailles organisées par le président de la République. Je n'ai pas sa ligne directe, mais j'espère que ma notoriété suffira. Entre sportifs, la communication est plus facile. J'appelle le standard, je donne mon nom, on me passe une secrétaire, qui transmet. Il décroche, me tutoie d'emblée, son ton est amical. Je lui explique avec mes mots la situation, je lui demande des conseils pour agir, et de l'aide pour vous empêcher de nuire… Il me répond : « Je vais regarder, je te rappelle très vite. » Ce que je lui annonce a l'air tellement banal ! Il me rappelle effectivement quarante-huit heures plus tard et me dit : « Oui, on a un dossier sur lui, mais si tu ne portes pas plainte, on ne peut rien faire. » Et il ajoute : « Si tu as besoin de moi pour décrocher des mairies pour tes galas, je peux t'aider. Pour le reste, il vaut mieux en rester là. » Je suis sidérée. J'ai la confirmation qu'il existe un dossier sur vous au ministère ! D'autres filles se sont donc plaintes de vous ! Depuis des années, tout le monde sait que vous constituez un danger, et on vous laisse continuer à régner sur votre royaume, en toute impunité ? Circulez, il n'y a rien à voir. Ma petite Sarah, prends tes médocs et tais-toi.

Les années passent. Extérieurement, tout va bien, je regarde grandir ma fille, je partage des projets avec Jean-Louis, je patine dans des galas, je dirige ma troupe, que je fais rire avec mes pitreries. Je maquille comme je peux mes névroses, je me suis assise sur mon secret. Mais, au fond de moi, j'attends toujours de pouvoir parler. L'occasion se présente à l'hiver 2011. Ma tournée *Rêves de glace* fait escale à Albertville. Laetitia y est coach, je sais qu'elle va venir au spectacle. Je la croise, et je lui dis que j'ai besoin de lui parler. Elle m'invite à venir goûter chez elle le lendemain, avec ma fille et ma mère. Nous y allons. Pendant que les enfants jouent, je lui demande de revenir sur son histoire. Elle le fait volontiers. Elle raconte que vous l'avez poursuivie plusieurs années, à partir de ses quinze ans. Vous déposiez des roses sur son lit, vous lui écriviez des mots d'amour, vous lui demandiez de venir dans sa chambre après chaque compétition sous prétexte de « débriefing », en fait pour lui masser les jambes… Elle affirme qu'elle a pu s'échapper à temps, qu'elle a fini par demander à son beau-père de jouer le garde du corps. Elle aussi a été obligée de prendre un garde du corps ! Je comprends soudain pourquoi je voyais toujours ce gaillard derrière elle, pendant les compétitions. Nous avons vécu tant de choses en parallèle et nous n'avons pas imaginé que nous nous débattions avec le même problème : vous. Laetitia ajoute qu'elle a alerté les autorités sportives et exigé de la Fédération de changer d'entraîneur. En 1998, la police judiciaire l'a convoquée, mais elle n'a pas voulu porter plainte, elle non plus. Vous avez été suspendu un temps, vous n'étiez plus speaker de l'équipe de France, on vous a retiré certaines de vos fonctions à la Fédération. Et puis vous êtes revenu. Sans doute avez-vous du réseau, des protections. Je raconte à Laetitia mon histoire. Pendant que je parle, ma mère pleure. Moi pas. Depuis cette fameuse nuit avec Olivier, je n'ai plus jamais pleuré en parlant de vous, monsieur O. Laetitia réagit avec beaucoup d'empathie : « Si tu as besoin de parler, je serai toujours là, va voir un psychologue, c'est très important. » On échange sur les reportages de plus en plus nombreux traitant des abus sexuels dans le sport, et l'omerta qui continue de régner dans notre sport à nous. On évoque le nom de vos potentielles victimes, monsieur O. Mais Laetitia n'a pas envie de creuser plus. Elle ne veut pas replonger dans ces sales années, qu'elle essaie d'oublier. « Je suis désolée, j'ai trop souffert, m'avoue-t-elle en me raccompagnant à sa porte, mais tu peux compter sur mon appui si tu en as besoin. »

Je continue d'investiguer, entre deux galas. Un jour, je contacte monsieur V. qui a été un temps président du club, et qui faisait office de prof de maths pendant nos stages à La Roche-sur-Yon. Il logeait à l'infirmerie gratuitement en échange de ses cours. Sa fille patinait avec nous. Je me souviens qu'elle dormait toujours à l'infirmerie avec lui, jamais avec nous. Et s'il avait voulu la mettre à l'abri ? Peut-être qu'il sait des choses ? Je l'appelle, on prend un café ensemble, je mène incidemment la conversation vers vous. Et, sans trop se faire prier, il me confie : « Je suis au courant de ses agissements, et c'est la raison pour laquelle ma fille n'a jamais dormi dans les box du lycée. » Je n'en reviens pas : il a donc protégé sa fille de vous, sans se soucier des autres ? Je le regarde, je n'arrive pas à lui dire qu'il a devant lui une victime de son silence. Pas le courage de remuer cette boue, et puis, pour quoi ? Quand je parle, rien ne se passe. Je sors écœurée de ce rendez-vous. Une fois de plus.

Monsieur O., j'imagine que vous n'avez pas eu envie de lire le livre de Flavie Flament, sorti en 2016, *La Consolation*, où elle racontait avoir été victime du photographe David Hamilton quand elle avait treize ans. Mais vous avez forcément suivi l'affaire, qui a fait grand bruit. Je n'ai pas lu non plus son livre tout de suite, j'ai en revanche regardé en différé le film adapté de cet ouvrage. Quand j'ai vu qu'il passait à la télévision, j'en ai parlé à Jean-Louis, qui s'est montré fort embêté : « Tu ne devrais pas le regarder, tu vas te faire du mal. » Il essayait de me dissuader, tout en faisant des allers-retours entre le bureau et la chambre. Ce soir-là, j'ai attendu que Stella se couche et s'endorme. Je me suis assise seule dans notre lit, sous les draps, avec ma petite chienne Princess Ice dans les bras, pour me donner du courage. Jean-Louis a continué de régler ses affaires. Et moi, j'ai regardé le téléfilm. La petite fille et son prédateur. J'ai vu le photographe approcher sa bouche de son ventre. Il l'a embrassée là où vous m'avez embrassée, entre les jambes. Elle aussi a vécu ça ? Je suis happée par la scène, je suis dans la peau de cette petite fille. Je sais ce qu'elle ressent, j'ai la nausée. Tout mon corps brûle, j'ai mal partout. Je suis bouleversée, tétanisée.

Je regarde le film jusqu'au bout, en serrant Princess Ice contre moi, comme un doudou. Il y a un débat, ensuite. Flavie est présente, elle raconte que, dans ces moments, son esprit se détachait de son corps, et qu'elle attendait que cela finisse, comme si elle n'était pas là. Je suis en symbiose quand elle parle, tout ce qu'elle raconte correspond tellement à ce que j'ai ressenti ! Cette femme a su parler et se libérer. J'aimerais tant avoir le même courage qu'elle, et témoigner à visage découvert, sans honte.

J'essaie de la contacter *via* Facebook, sans réponse. J'appelle le comédien Bruno Solo, qui est devenu un ami proche après notre rencontre sur un plateau de télévision. Il préside une association de défense des enfants, il est très sensible à ces questions. À lui, j'avais pu me confier. Grâce à son métier, il connaît beaucoup de monde, il doit savoir comment contacter l'animatrice. Bruno est ravi de ma démarche : « Bravo, il faut parler, Sarah ! », martèle-t-il. Il évoque aussi la danseuse Andréa Bescond, qui a été violée enfant, et qui en a fait un spectacle bouleversant, *Les Chatouilles ou la Danse de la colère* : « Tu vois, elle aussi a parlé, à sa manière, et ça lui a fait beaucoup de bien ! » Il a appelé Flavie.

Quelques jours plus tard, celle-ci me propose un rendez-vous *via* Skype. Je suis anxieuse. Je me suis installée sur le lit, avec le chien dans les bras, en bouclier. Je tremble. Elle apparaît à l'écran, solaire, souriante, lumineuse. Je pleure, je raconte en vrac ma solitude, mes angoisses, mes douleurs : « J'ai vécu la même chose que toi, Flavie, je ne m'en sors pas, ça ne va pas. » Je ne prononce pas *le* mot. Pas besoin, elle comprend. Elle me dit : « Tu n'es plus toute seule. On s'en sort, Sarah, mais ça va prendre du temps. Que veux-tu faire pour aller mieux ? Voir un psy ? » J'en ai déjà vu une. « Veux-tu le faire savoir ? me demande Flavie. Si tu arrives à parler à visage découvert et à dépasser ta honte de victime, tu iras beaucoup mieux. Je peux te donner le numéro d'une journaliste de *L'Obs*, Emmanuelle Anizon, qui a enquêté à mes côtés sur David Hamilton. Si tu te sens prête. »

Je prends le numéro. On raccroche. Je me sens très mal toute la journée. Je sais que je démarre quelque chose, que je vais enfin aller jusqu'au bout d'une démarche entamée plusieurs fois mais jamais achevée. Je ne veux pas quitter ce monde sans avoir parlé de cette chose si importante pour toutes les femmes, et pour ma fille de huit ans. Ce que Flavie a fait pour moi, je veux le faire pour d'autres.

Flavie me met en contact par mail avec la journaliste. On s'appelle et on discute longuement, plusieurs fois, sur plusieurs semaines, plusieurs mois. Je sens que je suis sur la bonne voie. Lui parler me bouleverse, mais me soulage chaque fois un peu plus. J'ai très peur, j'hésite encore. Je me dis que, à plusieurs, on sera plus fortes. Je vais essayer de contacter d'autres victimes potentielles. Avec Emmanuelle, j'entreprends d'appeler des patineuses que vous avez coachées. J'ai encore pas mal de numéros de téléphone dans mon répertoire. Afin que ma fille n'entende pas, je me réfugie dans la voiture pour passer les appels. Parfois, j'attends plusieurs heures, plusieurs jours, avant d'oser composer le numéro. Je vais dans la voiture, j'angoisse, je repars, je reviens…

Mon corps me brûle. Si je les appelle, il faut que je raconte d'abord ce que vous m'avez fait, à moi. Avec quels mots vais-je leur dire ? Je finis par lancer mes sondes. Je recontacte d'abord Laetitia avec qui j'ai déjà parlé en 2011. Elle me soutient dans ma démarche, mais elle n'a pas envie de monter en première ligne. J'appelle D., la patineuse que j'avais croisée au restaurant avec vous, et qui a été longtemps prof chez vous. Elle me dit : « Ne t'inquiète pas, Sarah, on est tous plus ou moins au courant de ses agissements, alors, quand il accompagne l'équipe de France en déplacement, on veille au grain. » Je n'en reviens pas, là encore. Ils savent tous, et personne ne demande son départ ! J'appelle A. On était ensemble en stage à La Roche-sur-Yon en 1998, alors que je patinais en couple avec Stéphane. Je savais qu'elle allait partir en gala avec vous. Je l'avais avertie à l'époque : « Fais attention à lui. » Au téléphone, elle me dit que vous avez dormi avec elle pendant cette tournée de gala, mais qu'il ne s'est rien passé. J'ai du mal à le croire, car elle ajoute ensuite qu'elle a entamé une procédure en justice, avant de la retirer. Et elle est devenue ensuite entraîneur dans votre patinoire. Drôle de coïncidence…

J'appelle M. Elle m'avoue que vous lui avez fait du mal, que c'est grave. « Il m'a forcée à faire des choses. » Elle me dit que c'est trop douloureux, qu'elle ne veut pas en parler, parce que cela ne sert jamais à rien : « Des bruits courent depuis toujours sur lui, plein de patineuses ont essayé de parler en interne, cet enfoiré est toujours resté en place ! » Elle ajoute qu'elle trouve honteux de la solliciter sur ce sujet après tant d'années : « Ne m'appelle plus jamais ! » Je raccroche, profondément triste.

J'appelle A. Vous êtes venu vous asseoir sur son lit à elle aussi, à La Roche-sur-Yon. Vous lui avez caressé les épaules et le dos. Elle dit qu'elle ne se souvient de rien d'autre, mais qu'elle est quand même partie du stage prématurément...

J'échange régulièrement sur mes recherches avec mon entraîneur préféré, Jean-Christophe. Lui-même se souvient que, une année où il était venu entraîner au stage de La Roche-sur-Yon, il avait entendu quelqu'un détaler un soir, alors qu'il faisait une ronde. Il se demande rétrospectivement si ce n'était pas vous. Il est très choqué par tout ce qu'il découvre. Je mesure en l'écoutant la consanguinité de notre petit monde. Il s'en veut de n'avoir rien vu. « Il faut parler, Sarah, il faut tout faire exploser. »

Avec Emmanuelle, nous appelons H. Elle a patiné dans votre club, on ne se connaît pas, elle a dix ans de plus que moi. Elle explique spontanément avoir été violée à treize ans par un entraîneur, puis à quinze ans par un autre. Elle parle de vous, monsieur O., elle vous décrit comme « un pervers ». L'autre agresseur, entraîneur du club, je le connais très bien, j'ai travaillé avec lui ! Je suis sidérée ! Si ce qu'elle dit est vrai, je comprends mieux pourquoi vous êtes tellement protégé ! En fait, vous vous tenez les uns les autres ! Mais combien de prédateurs êtes-vous dans le patinage ? H. nous raconte que vous vous êtes retrouvé récemment à dormir avec l'équipe de France dans l'auberge d'un ancien entraîneur de la région parisienne. En 2013, dans un reportage télévisé sur les violences sexuelles, une patineuse, le visage flouté, expliquait que ce même homme l'avait obligée à lui faire des fellations dans son bain, quand elle avait treize ans, et que ces agressions avaient continué ensuite. Elle n'a pas porté plainte, je crois. Il n'a pas été condamné, mais a dû être écarté, il n'est plus en activité. Cet homme, je le connais, il a coaché Stéphane quand celui-ci était jeune. Il était notoirement violent, Monsieur O. Comme vous. Vous le connaissez très bien, depuis des dizaines années, vous vous êtes côtoyés en club. Et H. nous apprend que vous, Monsieur O., vous emmenez les jeunes de l'équipe de France dormir chez lui ? En l'écoutant, je n'ai plus les mots pour décrire mon état de stupéfaction et de dégoût.

H est bouleversée de remuer toute cette boue. Comme moi, elle vit mal, son passé l'encombre. Elle martèle que vous devez « payer », mais elle veut rester anonyme. « Mes enfants ne savent pas. »

C'est douloureux d'appeler ces filles, de raconter chaque fois ce que j'ai vécu. Je replonge dans mon mal-être, pour quel résultat ? Elles ne veulent pas dénoncer à visage découvert. Je suis déçue, j'abandonne l'idée d'un front commun, mais je comprends : la honte, la peur du regard des autres, des représailles professionnelles. J'ai été moi-même si longtemps muselée, incapable de sortir de mon mutisme, même des années après. Je me souviens de ce matin de 2008 où une bénévole de la patinoire m'a interpellée. Elle tenait la buvette, à l'entrée. Je venais d'arriver pour un entraînement *Holiday on Ice*. Elle m'a arrêtée et regardée droit dans les yeux : « C'est vrai que tu as été violée par monsieur O. ? » Sa question m'a paniquée. Comment avait-elle su ? Des rumeurs couraient-elles à mon sujet ? Elle a prononcé ce mot insoutenable que je n'étais toujours pas capable d'énoncer moi-même, avant d'écrire ce livre. Ce mot, je l'ai reçu en pleine face, comme une énorme gifle. J'ai balbutié : « S'il te plaît, je ne veux pas parler de ça. » Je me suis enfuie. J'aurais dû répondre « oui » en gardant la tête haute, j'aurais dû l'accuser, lui, mais j'ai fui comme une coupable, la tête basse, honteuse. Et, dans la foulée, mon silence et moi sommes allés nous enterrer dans votre royaume.

C'est dangereux de parler. Les témoignages dans le patinage sont rares, et souvent anonymes. Ils se retournent vite contre celles qui les émettent. Je ne connais qu'une affaire d'entraîneur condamné : Pascal Delorme, qui a écopé en 2003 de dix ans de prison pour viol sur sept de ses élèves âgées de neuf à quinze ans. La Fédération est restée très discrète sur le sujet.

Il nous est d'autant plus difficile de parler, monsieur O., que nous avons en face de nous un véritable système. Plus j'avance dans mes recherches, plus j'en suis convaincue. Si vous avez tenu si longtemps, monsieur O., c'est parce que tout, autour de vous, l'a permis. Beaucoup de gens ont intérêt à garder le silence. Le rompre, c'est casser des années de petits arrangements, c'est déséquilibrer tout un écosystème. Des politiques ont fermé les yeux. Des dirigeants vous ont maintenu en place. Des entraîneurs se sont tus pour ne pas risquer d'être virés ou pour protéger leurs propres turpitudes. Des femmes de coach ont mis un mouchoir sur les crimes de leurs conjoints.

Des parents ont été aveuglés par leur volonté de voir leurs enfants réussir, des élèves eux-mêmes ont eu peur d'être discriminés s'ils parlaient. Chacun, à son niveau, a nourri et continue de nourrir le crime.

Mais le monde change, monsieur O. Depuis deux ans, j'assiste avec bonheur à cette libération de la parole, partout dans le monde. J'ai suivi l'affaire du producteur Harvey Weinstein, accusé de viol par plusieurs actrices, puis la vague du hashtag #MeToo sur Twitter, qui s'est propagé dans le monde entier comme une traînée de poudre. Sur Internet, je scrute tous ces témoignages de femmes, connues ou pas, qui osent témoigner, enfin, à visage découvert. Comment pouvez-vous continuer à paraître aussi serein, monsieur O., quand je vous croise dans les couloirs ? Vous devez bien voir que le monde bouge autour de vous ? J'ai appris que vous aviez vous-même dédié le spectacle d'hiver de votre club, il y a deux ans, aux violences sexuelles ! Comment avez-vous osé ? Vous pensez-vous à ce point à l'abri de tout, monsieur O. ? Ne sentez-vous pas que l'étau se resserre ? Les langues commencent à se délier et en appellent d'autres à faire de même. J'écoute Adèle Haenel, l'actrice qui a évoqué les attouchements d'un réalisateur quand elle avait treize ans. Je me suis reconnue dans son regard, la crispation de son visage, de son corps. J'ai vu qu'elle n'était pas bien, la période doit être difficile pour elle. Mais j'ai noté aussi les nombreuses manifestations de soutien dont elle a bénéficié ! Plus récemment encore, en janvier 2020, une victime de l'écrivain Gabriel Matzneff, pédophile notoire défendu par le monde littéraire sous prétexte qu'il écrivait bien, a décrit les conséquences terribles sur sa vie de ces relations sexuelles subies à quatorze ans. Cette prise de parole avait longtemps été impossible, au vu des soutiens dont cet intellectuel bénéficie.

C'est dur de rompre l'omerta, monsieur O. C'est dur de revenir sur des décennies de silence et de mensonge. C'est dur pour une société de changer son regard, et pour un système de changer de fonctionnement. Le monde du sport porte des valeurs fortes, des enjeux financiers énormes. Il protège son image avec pugnacité, et tant pis pour les nombreux cadavres cachés. J'apprends, au moment où je boucle ce livre, qu'un des meilleurs patineurs français actuels, que je connais bien, est accusé d'agression sexuelle sur une jeune fille de treize ans aux États-Unis. Je lis que les deux coachs du patineur auraient fait pression sur la jeune fille pour qu'elle se taise. Je vois que, dans un communiqué, la Fédération française des sports de glace apporte son soutien au patineur en précisant qu'elle n'a « pas de motif pour ne pas lui accorder sa confiance ». Et je me dis que, décidément, les institutions ont bien du mal à changer leurs réflexes. Mais, face à la libération de la parole, leur silence ne pourra plus tenir encore longtemps. Il a cédé dans le secteur religieux. Il a craqué dans le secteur culturel. Et je crois bien, monsieur O., qu'il est sur le point d'exploser dans le sport.

Longtemps, mon témoignage a été inaudible. Il ne l'est plus. La petite fille qui est encore en moi ne veut plus se taire, monsieur O. Elle veut vivre en vérité. Dénoncer à visage découvert. Je ne le fais pas pour me venger, monsieur O., mais pour relever la tête et guérir, passer du statut de victime honteuse à celui d'exemple, pour aider les autres Sarah à parler, et pour protéger les Stella à venir. Ce livre sera la plus belle de mes victoires.

Épilogue

La veille encore, j'avais peur, j'avais honte. La veille encore, chez moi, je cachais les exemplaires du livre dans un placard, et je demandais à mon éditrice si l'on pouvait en annuler la sortie. Je savais que c'était impossible, et bien sûr, au fond, je ne le souhaitais pas.

Mais j'avais peur, j'avais honte.

Le 30 janvier 2020, le livre déboule dans les librairies, et ma tête s'affiche sur tous les kiosques de France, en couverture de *L'Obs*. Mon si long silence, de trente ans, est enfin brisé. Mon témoignage, tenu secret jusqu'au dernier moment, pour éviter que quiconque essaye d'en interdire la publication, devient public.

J'ai peur, j'ai honte.

Vais-je être entendue ? Ma voix ne flanchera-t-elle pas face aux journalistes ? Devrai-je raconter des détails du « viol », mot que je n'arrive toujours pas à prononcer ?

J'espérais jeter un pavé dans la mare ; j'ai provoqué un raz-de-marée. Dès le premier jour, et pendant plusieurs semaines, mon témoignage fait la une des médias. L'enquête sur l'omerta dans le patinage, publiée parallèlement dans *L'Obs* par ma coauteure

Emmanuelle Anizon, achève de créer le scandale. Nous sommes invitées sur tous les plateaux de télé et de radio. Je m'y rends, inquiète et tendue d'abord, puis de plus en plus confiante et sereine au fil des jours. Car cette fois, on m'écoute. Les médias, mais aussi la justice, les politiques, les sportifs. Dans la rue, sur les réseaux sociaux, des gens, de tous les profils, de toutes les générations, me remercient.

Tout a été si lent avant, tout va si vite maintenant. Dans les jours, les semaines qui suivent nos révélations, une enquête préliminaire est ouverte contre monsieur O., dont le nom est maintenant connu de tous : Gilles Beyer. Face à la pression médiatique et ministérielle, il doit quitter son poste de manager général du club de Bercy, les Français volants. Et Didier Gailhaguet, qui régnait sur la Fédération des sports de glace depuis vingt ans, doit démissionner de ses fonctions de président. La ministre des Sports, Roxana Maracineanu, lance un grand plan de prévention contre les violences sexuelles au sein du sport, avec des mesures inédites, concrètes, fortes. Et surtout, ce que je souhaitais si ardemment arrive : d'autres langues se délient. Dans le patinage, mais aussi dans la natation, l'équitation, le football, le handball, le cyclisme… Des femmes surtout, mais aussi des hommes. Le nombre et la diversité des témoignages que nous recevons, Emmanuelle et moi, de ceux que nous lisons depuis dans les médias sont sidérants.

La parole se libère et nous commençons enfin, collectivement, à mesurer l'étendue du désastre. Les médias ont dit que ce livre marquerait l'histoire du sport. J'espère surtout qu'il marquera une étape de non-retour, une prise de conscience durable, qui permettra aux victimes d'être entendues, aux prédateurs d'être sanctionnés et écartés, et aux enfants de pratiquer leur sport dans un univers enfin protecteur. Qu'il mettra fin à cette omerta assassine. Le chantier sera long. Des vies vont être bouleversées par la révélation de secrets trop longtemps tus, des clubs et des fédérations vont vaciller. C'est à ce prix que le sport pourra regagner la confiance de ses 16 millions de licenciés. Et au prix d'une veille constante, car il faudra vérifier que les mesures annoncées soient appliquées sur le terrain, et suivies dans le temps.

Je ne lâcherai pas. Aujourd'hui, j'ai encore des angoisses, des blocages, et monsieur O. continue de revenir dans mes cauchemars, mais peu à peu je me relève.

Je n'ai plus peur, je n'ai plus honte.

Je pense à mon père, qui soutenait ma démarche. Il était très malade. Il a eu le temps de choisir la photo de la couverture du livre avec moi, pas de le lire. Il est décédé la semaine précédant la publication, et c'est comme s'il m'avait légué sa force en partant. Son amour m'a portée et me porte encore. Je suis fière du chemin parcouru, je me sens plus légère de cette parole enfin dite, mais aussi lourde de mes nouvelles responsabilités. Je dois et je vais continuer à libérer la parole, à aider les victimes qui me contactent, à intervenir dans les clubs, à militer notamment pour qu'un crime sexuel sur mineur ne puisse plus être prescrit, comme c'est le cas au Canada ou en Californie. Ce livre signe ma renaissance, et le début d'un nouveau combat.

Sarah Abitbol

Remerciements

Merci à mes parents pour leur amour et leur soutien indéfectibles.

Merci à mon mari de m'avoir laissé le choix d'écrire ce livre.

Merci à Marie-Laurence pour sa présence fidèle, son regard bienveillant et sa sensibilité.

Merci à Olivier de m'avoir libérée du silence et de l'amnésie.

Merci à Fred'Angelo pour son écoute et son aide si précieuse tout au long de ma convalescence.

Merci à Meriem Salmi pour son soutien professionnel.

Merci à Bruno Solo de m'avoir toujours encouragée à parler.

Merci à Flavie Flament de m'avoir fait comprendre que je n'étais pas seule.

Merci à Vanessa Gusmeroli pour son amitié et son écoute.

Merci à Jean-Christophe Simond pour son soutien dans cette bagarre contre moi-même et l'omerta.

Merci à Emmanuelle Anizon pour sa délicatesse. Sans la complicité et la confiance qu'elle a su instaurer, je ne serais pas allée jusqu'au bout.

Table

Collection « L'Abeille » Plon

Dernières parutions

1. *Les Derniers Mondains*, Camille Pascal
2. *Dictionnaire amoureux de Marcel Proust*, Jean-Paul et Raphaël Enthoven
3. *Contre Macron*, Juan Branco
4. *Les Métamorphoses de Dieu*, Frédéric Lenoir
5. *La Sorcière et l'Occident*, Guy Bechtel
6. *Mémoires*, Maurice Druon
7. *Dictionnaire amoureux de la langue française*, Jean-Loup Chiflet
8. *Joseph Kessel*, Yves Courrière
9. *Dictionnaire amoureux de la Bretagne*, Yann Queffélec
10. *Dictionnaire amoureux de l'Inde*, Jean-Claude Carrière
11. *La Sexualité selon Jean-Paul II*, Yves Semen
12. *Des animaux au prétoire*, Chantal Knecht
13. *Duras, la traversée d'un siècle*, Alain Vircondelet
14. *Dépasser Darwin*, Didier Raoult
15. *Dictionnaire amoureux de la Résistance*, Gilles Perrault
16. *La Spiritualité conjugale selon Jean-Paul II*, Yves Semen
17. *Conseils du cœur*, Sa Sainteté le Dalaï-Lama
18. *Dictionnaire amoureux de l'Histoire de France*, Max Gallo
19. *Avocate irrespectueuse*, Gisèle Halimi
20. *Ne vous résignez jamais*, Gisèle Halimi
21. *Ces psychopathes qui nous gouvernent*, Jean Luc Hees
22. *Charles le catholique*, Gérard Bardy
23. *Les Rebelles*, Jean-François Kahn
24. *Un si long silence*, Sarah Abitbol

À paraître

Dictionnaire amoureux de Mozart, Ève Ruggieri
Histoire d'une âme, sainte Thérèse de Lisieux
Le Dernier Mitterrand, Georges-Marc Benamou

MIXTE
Papier issu de
sources responsables
FSC® C003309
FSC
www.fsc.org

L'éditeur de cet ouvrage s'engage dans une démarche
de certification FSC® qui contribue à la préservation
des forêts pour les générations futures.

Pour en savoir plus :
www.editis.com/engagement-rse/

Achevé d'imprimer en Espagne par Liberdúplex